自主治理

埃莉诺·奥斯特罗姆关于
公共资源管理的见解

[美] 埃里克·诺德曼（Erik Nordman） 著

秦含璞 译

中国科学技术出版社

·北京·

The Uncommon Knowledge of Elinor Ostrom: Essential Lessons for Collective Action by Erik Nordman

Copyright © 2021 Erik Nordman

Published by arrangement with Island Press.

Translation copyright © 2022 by China Science and Technology Press Co., ltd.

All rights reserved.

北京市版权局著作权合同登记　图字：01-2022-5020。

图书在版编目（CIP）数据

自主治理：埃莉诺·奥斯特罗姆关于公共资源管理的见解 /（美）埃里克·诺德曼著；秦含璞译 . — 北京：中国科学技术出版社，2022.11

书名原文：The Uncommon Knowledge of Elinor Ostrom: Essential Lessons for Collective Action

ISBN 978-7-5046-9742-4

Ⅰ . ①自… Ⅱ . ①埃… ②秦… Ⅲ . ①公共经济学—研究 Ⅳ . ① F062.6

中国版本图书馆 CIP 数据核字（2022）第 165883 号

策划编辑	申永刚　龙凤鸣	责任编辑	龙凤鸣
封面设计	仙境设计	版式设计	蚂蚁设计
责任校对	张晓莉	责任印制	李晓霖

出　　版	中国科学技术出版社
发　　行	中国科学技术出版社有限公司发行部
地　　址	北京市海淀区中关村南大街 16 号
邮　　编	100081
发行电话	010-62173865
传　　真	010-62173081
网　　址	http://www.cspbooks.com.cn

开　　本	880mm×1230mm　1/32
字　　数	167 千字
印　　张	8.75
版　　次	2022 年 11 月第 1 版
印　　次	2022 年 11 月第 1 次印刷
印　　刷	北京盛通印刷股份有限公司
书　　号	ISBN 978-7-5046-9742-4/F·1051
定　　价	79.00 元

目 录

CHAPTER

1

第一章
"公共资源"的悲剧

当我在纽约北部攻读研究生的时候，第一次接触到了诺贝尔奖得主埃莉诺·奥斯特罗姆（Elinor Ostrom）的环境管理理论。但是，当我身处位于内罗毕（肯尼亚首都）的一家商场时，才真正理解了这套理论。

我在肯雅塔大学担任客座教授的时候，我和我的家人都住在肯尼亚，内罗毕市的交通非常混乱，所以我们大部分时间都选择让出租车司机詹姆斯·维哈卡（James Waithaka）开车带着我们出门。在带我参加一个在高档购物中心内举办的午餐会的途中，维哈卡告诉我，他会让我在商场正门下车，但是会把车停在停车场的另一端等我。

我问维哈卡，为什么不停在商场前面的出租车停车场。他解释说，按照不成文的规矩，那个停车场是留给出租车司机集合体的成员。顾客在离开商场的时候，可以要求出租车服务。出租车集合体可以决定哪些司机可以接待新客人，而且这些司机都同意统一的收费价格。内罗毕的商场都存在这种不成文的规矩。维哈卡并不是出租车集合体的成员，只能在其他地方待客。因为他还要等我，所以也不在乎接送其他客人。

作为自然资源管理领域的教授，我认为这是"公共资源"现象。按照奥斯特罗姆的说法，其又被称为"公共使用资源"。它指的是在过度使用的情况下极易枯竭，但又难以阻止其他人使用的资源。人们通常认为公共资源就像是古时候的草场，如果村子里的人毫无节制地将自家家畜赶上草场，那么过度放牧就是个时间问题。如果将古时候的草场换作是当下的内罗毕，那么这个商场的停车场将全被内罗毕的出租车司机挤得水泄不通。出租车司机的数量将远远超过乘客的数量。为了吸引乘客，出租车司机不得不将价格降到不可思议的地步。这将破坏出租车市场，让所有出租车司机都难以为继。

但是，这些出租车司机并没有向命运低头。他们组织起来，决定谁可以加入集合体，哪些人不能加入。他们确立规则，决定谁可以接送新乘客。他们划定自己的势力范围，而像维哈卡这样的司机，只能去其他地方等待客人。出租车司机联合体会惩罚那些破坏规矩的司机（惩罚措施中不乏违法行为）。但是，集合体的所作所为得到了商场和执法部门的默许。这些出租车司机经过多年的摸索，总结出了一套保证稳定客流的管理办法。每一位出租车司机都有足够的客人维持生计。而且这一切都是由司机们自发完成的。

在维哈卡向我解释这一切的时候，我第一时间就想到了埃莉诺·奥斯特罗姆的理论。作为一位印第安纳大学的教授，奥斯特罗姆研究了全球各地使用各类资源的社群。她发现，和主流观点恰恰相反的是，社群成员通过通力合作管理资源，避免过度消耗。这些社群内部的规则可能混乱而复杂，但却非常有效。各个社群降低了公共资源耗尽的可能。这些出租车司机就是一个活生生的例子。

内罗毕的出租车司机勾起了我的好奇心。我们还可以在哪里找到这类公共资源，人们又是如何使用这些资源的？实际上，公共资源随处可见。

举例来说，我们办公室里的咖啡俱乐部就是一种公共资源。我所在的大学部门里，你只要带上一罐咖啡，就可以加入这个俱乐部，获得使用公用咖啡壶的权利。咖啡狂热粉丝可能会带来高价咖啡。他们可能为优质咖啡花了一大笔钱，最后还要和俱乐部里的其他人共享咖啡。还有人会带来廉价的咖啡，因为他们知道其他人会带来更好的咖啡。就算是咖啡狂热粉丝也会很快发现，带上一些品质较为普通的咖啡是更合理的选择。如果所有人都遵从这个逻辑，那么部门咖啡壶里很快就会充斥着市面上味道最苦、品质最低劣的咖啡。万幸的是，这种事情并没有发生。部门主管为带来的第一罐咖啡设立了标准。然后，她在咖啡罐上写下了为俱乐部做出贡献的成员姓名。大家都不想成为办公室里的小气鬼。将做出贡献的成员姓名写在咖啡罐上，就是一个推行规定的有效手段。

当然，总有人不肯带来自己的咖啡，还偷喝俱乐部的咖啡。他们是在"免费索取"同事捐献的咖啡。当我们的部门转移到一栋新楼之后，有人提供了一台带咖啡包的单杯咖啡机，现在所有爱喝咖啡的人都可以自己做咖啡了。这就杜绝了偷喝别人咖啡的问题。但是从某种程度上来讲，我们失去了那种将所有人团结在一起的社群感。我们的公共咖啡不复存在了。

在《公共资源的悲剧》（*the tragedy of the commons*）这篇论文中，生物学家加勒特·哈丁（Garrett·Hardin）认为，只有两个办法可以避免公共资源被破坏，第一种办法是通过分割共用资源并完成共用资源的私有化，第二个办法是通过外部权力来确保相关规定的有效执行。对于咖啡俱乐部而言，这就意味着所有咖啡爱好者都得带上自己的咖啡包（这无疑抹杀了咖啡俱乐部的设想），要不就是让部门内所有俱乐部成员缴纳费用（或者让所有职员都缴纳费用，以杜绝"免费获取"的可能）以购买统一标准的咖啡。但根据奥斯特罗姆的理论，还有第三种解决方案：集体行动。在特定的情况下，人们可以制定、执行规则，进而达成一定的期望。而部门咖啡俱乐部确实是这么做的，并且这套办法一直持续使用很多年了。

多年以来，经济学家、政治学家和自然资源管理人员都在不停地研究。各方人士一致认为，如果缺乏管理，那么公共资源就会面临被滥用或者衰竭的可能。奥斯特罗姆并不同意这一观点。通过与世界各地各学科同僚的通力合作，她向人们展示了一种全新的可能，即只要通过通力合作，就可以独立管理当地的公共资源。奥斯特罗姆因为在公共资源领域的"经济治理"的开拓性研究，获得了2009年诺贝尔经济学奖。

奥斯特罗姆的研究表明，内罗毕出租车司机"自下而上"的解决方案，并不是我们所想的那么特别。洛杉矶的水质管理人员早就想到了这一点，西班牙和菲律宾的旱地农民也想到了这样的办法。缅因州捕捞龙虾的渔民自发组成"港口帮派"，采用类似内罗毕出租车司机使用的办法，保护自己的领地。奥斯特罗姆和同事发现，世界各地的人都会采用不同的办法，有效管理当地公共资源。

随着研究的深入，我对奥斯特罗姆关于资源管理的理论越来越有兴趣。我曾有机会在印第安纳大学奥斯特罗姆工坊（图1-1）做了一年的访问学者，奥斯特罗姆和丈夫文森特共同创建了这个研究中心。我在这里接触了大量关于公共资源的学术材料，认识了许多奥斯特罗姆的同事。新一代学者运用奥斯特罗姆的理论解决各类难题，从太空公共资源到网络安全不一而足。

图1-1　印第安纳大学奥斯特罗姆工坊

图片来源：杰森·雷布兰多（Jason Reblando）

本书的重点在于运用奥斯特罗姆的合作模式保护我们的环境。在很多情况下，奥斯特罗姆的"第三条路"都是应对资源难题的重要工具。奥斯特罗姆提出了所谓的"八条原则"，为公共资源可持续管理提供了模板。接下来的章节展示了奥斯特罗姆是如何经过四十多年的研究，发展出这样一套原则并将它们运用于现实世界。书中最后三分之一篇幅的内容，展示了奥斯特罗姆的设计原则和公共资源理论对研究人员和政策制定者产生了怎样的影响。她的理论被用于卫星和轨道残骸管理，以及网络安全和数字安全领域。奥斯特罗姆全新的理论将在未来很长一段时间内发挥重大作用。

● ● ●

为了让大家了解奥斯特罗姆理论的重要性，让我们先看看她在刚开始工作的时候，政策制定者和学者们是如何看待这个世界的。而奥斯特罗姆所取得的成果与加勒特·哈丁密不可分。

1.1 校园共用资源

这是一个九月的下午，位于纽约雪城的纽约州立大学环境科学和林业学院沐浴在明媚的阳光下。校园中央四方形草地周围的林荫道两侧的朴树也染上了一抹秋色。这个院子不仅是环境科学和林业学院的地理中心，也是社交中心。学生们在绿油油的草地上学习、扔飞盘、弹吉他或者抓紧课间时间休息。

一声咆哮打断了好友之间的聊天。

"都给我从草地上滚出去！"

学生们开始看向草坪的一角，寻找到底是谁在大喊大叫。是一位新生，还是访客？总之，这个大喊大叫的家伙犯下了一个大错。

环境科学和林业学院的学生非常喜欢这里，努力保护这片区域，所以得到了"树桩子"的外号。这是一片绿意盎然的长方形草坪，草丛中可以看到一些想抄近路的学生踩出的小路。新来的学生很快就明白不要横穿草坪。其他学生会大声呵斥那些破坏规矩的人，要求他们走草地周围的小路。学院并没有明文规定禁止穿越草地。穿越草坪的人最多是遭受别人的白眼。这一切不过是一代代学生之间流传下来的传统，一种非正式的行为守则。

虽然环境科学和林业学院的草坪已经存在了一百多年，但从传统的资源管理角度来说，事情本不该如此。毕竟，大多数学生总会迟到，而穿过草坪无疑是通向教室的最短路径。如果其他人都选择穿过草坪，那么你又为什么要沿着草坪周围的小路走呢？如果我选择走近路，那又有什么资格来评论其他选择走近路的人呢？所以，传统观点认为理智的学生会继续走近路横穿草坪，踩出一条小路。但是，这片草坪依然完好。这究竟是为什么呢？

环境科学和林业学院的院子就是典型的公共资源。公共资源曾经指的是类似草场的公共用地，社群成员可以在这里放养自己的家畜。举例来说，1634年波士顿的公共用地上可以放养牛群、集结民兵和执行死刑。今天，公共资源指的是在过度使用的情况下极易枯竭，但又难以阻止其他人使用的资源。如果有太多学生随意穿越草坪，那么环境科学和林业学院的草地作为一块公共用地，就会变得不堪入目，满地烂泥。但是这片草地依然在学院中央绿意盎然。草地周围没有围栏或者上锁的大门阻止学生穿越草地。虽然这很困难，但是学生们的行动还是说明，完全可以阻止别人穿越草坪。学生们需要下大功夫才能保证自己不穿越草坪，并阻止其他学生这么做。

作为一位年轻的政治经济学家，埃莉诺·奥斯特罗姆并不熟悉加勒特·哈丁的著作。毕竟，哈丁是一位生物学家。但是，哈丁并不是单纯活跃在学术领域。在20世纪60年代中期，哈丁积极推行人口控制。他在一篇论文中提出，"人口问题"将影响到未来几代人的环境管理。正是这篇论文引导奥斯特罗姆赢得诺贝尔奖。

1968年，哈丁担任美国科学促进协会太平洋区会长。在同年夏天的年度会议上，他发表了一篇长篇演讲，阐述自己眼中的人口膨胀的问题。1968年冬天，哈丁将长篇演讲稿改成篇幅更短的论文，论文题目叫作《公共资源的悲剧》。这篇论文很快就成了《科学》杂志下载量最高的论文之一。这篇论文成文之时，当代环境运动也正风起云涌。同年早些时候，环境学家保罗·埃里希撰写了畅销书《人口炸弹》。一年之后，克利夫兰的凯霍加河燃起了大火。当然，这不是这条河第一次起火，也不是只有这条河起火。从很多方面来说，这无疑是一个特别的时机，深入浅出地说明我们的星球处境艰难。

哈丁在自己的论文中，引用了威廉·福斯特·劳埃德（William Foster Lloyd）在1883年的一本小册子里提到的一则关于小镇公共用地的寓言。哈丁在原文中这么写道："请想象一片对所有人开放的草场。"村民在这片草场上放养自己的家畜。因为这片草场"对所有人开放"，所有人都可以使用这片草场。只要养的家畜越多，那么从家畜肉和奶中获得的利润就越多。但是，所有人都承担了在草场上放牧产生的成本。村民通过扩大家畜饲养规模而获利颇丰，而且只需要支付很少的费用。所有村民都知道，养的家畜越多，赚的钱就越多。但是，当他们真的开始这么做的时候，就造成了过度放牧和草场退化。荒芜的草场让所有村民苦不堪言。哈丁和之前的劳埃德都认为，这种过度消耗公共资源的动机根深蒂固，村民对此无能为力。

哈丁认为，这种公共草场确实存在，而且被沿用了几个世纪。波士顿公用地曾经是一片草场，现在则是一座城市公园。但哈丁认为，没有证据显示"部落战争、偷猎和疾病让人和动物的数量，保持在土地的可承载范围之内。"换言之，可以长期存在的公共资源，不是源自成功的管理，而是来自某种苦难的结果。

这是一个寓言，一个值得学习的教训。哈丁并不关心牛群或者草场。牛群不过代表着人口数量，而草场则代表着地球资源。这个故事主要说明，不断增长的人口数量终将摧毁地球。

我们通常认为"悲剧"是一个悲伤的故事。但是，哈丁之所以选择"悲剧"二字，是因为它可以使人联想到古希腊的各种悲剧。哈丁引用哲学家阿尔弗雷德·诺斯·怀特海德（Alfred North Whitehead）的话，解释了古希腊式的悲剧："只能用人生中各种不幸的事件才能展示命运的必然性。唯有如此，才能展现出逃避命运是多么徒劳。"哈丁以此说明逃避的徒劳和被囚禁感。

哈丁在1983年的一次采访中说："在所有的悲剧中，主人公都被告知未来会发生什么，然后他会努力避免这种结局。但是，不论他怎么做，悲剧总是会发生。"

"悲剧带来一种无法避免的感觉，一种无处可逃的感觉；这就是科学定律的概念……这种不可避免的想法，几乎是一种宗教观念，对科学很重要。"

在希腊传说故事《俄狄浦斯王》（*Oedipus Rex*）中，俄狄浦斯的父母带着刚出生的儿子去见先知，希望先知能够预知孩子的未来。先知说，这个孩子长大后会杀了自己的父亲，娶自己的母亲为妻。这种命运实在是太可怕了！他的父母为了避免这可怕的命运，将襁褓中的俄狄浦斯遗弃在路边。但俄狄浦斯却活了下来，被一家人抚养长大。俄狄浦斯的养父母并没有告知他的身世。多年之后，长大成人的俄狄浦斯和一位年迈的陌生人在路边发生了争执。俄狄浦斯杀死了这位老者，然后逃跑了。俄狄浦斯解决了斯芬克斯的谜题，娶了一位寡妇，变成了一位国王。后来，俄狄浦斯的妻子，也就是他的母亲，终于知道俄狄浦斯就是自己的儿子。而俄狄浦斯在路边打死的老者，就是他的父亲。先知的预言成真了。在真相的折磨之下，俄狄浦斯的母亲自杀，俄狄浦斯也剜下了自己的双眼。

对于古希腊悲剧而言，不存在剧透的问题。不论古今，正在吸引观众的是悲剧将如何展开。我们知道俄狄浦斯会打死自己的父亲，娶自己的母亲为妻。先知早在一开始就说明了这一点。妄图摆脱命运是徒劳的。旅途中可能存在无数惊喜，但结局已经注定。

正如古希腊悲剧中的主人公，哈丁认为人类生存环境的结局已经注定。先知已经预言了结局，我们会吃空公用草场，捞尽海中的鱼，污染大气层，人口也会突破地球的承载极限。我们被困在一套鼓励个体过度消耗公共资源的体系中。哈丁说："所有人都向着毁灭性的结局狂奔。"

在哈丁看来，为了避免这种可怕的未来，应当将资源私有化（这样将抹除公共资源），或者由政府对个人行为进行限制。哈丁认为，使用资源的人不可能靠自身之力避免"公共资源的悲剧"。哈丁将《公共资源的悲剧》一文的早期草稿送给家人和朋友，并在草稿中解释道，应当采取必要的强制措施才能避免人类耗尽公共资源。但是，试读草稿的人并不喜欢文中提到的强制措施。

"我们的女儿海拉当时26岁，反对我提出的强制措施。我只好改成'双方共同认可的强制措施'。但多年以后，还是有很多人不同意我提出的强制措施的概念，我这才明白，我所提出的概念不过是可能在任何一部法律中出现的对民主的定义……多数人对少数人的专政。"

但是，哈丁并不相信民主体制能够拯救公共资源耗尽的局面。他曾经写道："如果要拯救一个人口众多的世界，人类必须服从一个外在的强制力。用霍布斯的话来说，这个外在的强制力就是一个'利维坦'。"

哈丁的观点在之后的五十多年来都具有很大的影响力，但他真的没错吗？我们真的会摧毁公共资源吗？哈丁形象的比喻便于理解，但M.L.门肯（M.L.Mencken）曾经写道："解释从不缺席，你总能找到一个可以解决各种人类问题的解决方案，这些方案是如此有条理，令人信服，同时又错得离谱。"

当哈丁出版《公共资源的悲剧》时，奥斯特罗姆已经获得博士学位，成为印第安纳大学的教授。哈丁对于环境衰竭做了简明扼要的说明，给了应对方案，正好符合那个年代的思想主流。多年之后，奥斯特罗姆评论道："在20世纪中期，学术主流都在尝试用简单的方式来阐释这个模式，然后批判那些不符合这些模式的计划。"包括哈丁在内的许多学者都认为，只有"市场"和"政府"才能应对各种挑战。

奥斯特罗姆在2009年诺贝尔获奖感言中，总结了20世纪中叶的主流思潮。她在斯德哥尔摩的领奖台上进行了如下的发言："市场似乎是负责私人商品生产和流通的最佳载体。从另一个方面来说，对于非私商品而言，则需要政府用规定和税收让以自我为本位的个人贡献必要的资源，限制追求私利的活动。如果没有一个架构明确的政府执行管理，那么逐利的公民和官员就无法生产有效且多维的公共商品，例如和平与安全。"

在赢得诺贝尔奖之后，奥斯特罗姆对记者说："很多人认为，以河流湖泊或者地下集水区为基础的渔业，是无法进行自我管理的。所以，他们才会推荐'市场'或者'国家'负责管理——他们提出的定义并不明确，实际效果也不理想——但这些都是理想形式。"

但作为一位20世纪60年代的毕业生，奥斯特罗姆明白单纯依靠"市场"和"国家"是不够的。她指出，加利福尼亚州洛杉矶市周围的社区，通过自己的努力解决了地下水过度使用的问题。他们不需要州政府施加任何限制。各个社区对于水的共用协定并不符合学者们提出的简单模型。但是，这套协定确实奏效了。虽然，哈丁的论文在20世纪60年代晚期的学术界掀起讨论的高潮，奥斯特罗姆发现他对于公共资源的寓言并没有反映出世界的复杂性和资源使用者的聪明才智。

1976年，印第安纳大学邀请哈丁在巴顿基金会发表年度演讲，奥斯特罗姆有机会和这位学者见面。哈丁的演讲多次引用了《公共资源的悲剧》一文中提到的观点。在哈丁看来，不受控制的人口膨胀将会耗尽资源，而自上而下的政府政策能解决这个问题。

多年之后，奥斯特罗姆回忆道："哈丁说成年男女在生了一个孩子之后，就该接受绝育。他对此的态度非常认真。我为此吓了一跳。他当时说：'我的理论说明我们必须这么做。'然后其他人说：'你觉不觉得这样太严苛了？'他却说：'不！我们必须这么做，不然就会灭亡。'"

当时坐在观众席上的奥斯特罗姆肯定被吓了一跳。她和丈夫文森特（Vincent Ostrom）的研究结果显示，政府的强制规定不是唯一的解决方案。二人不仅是研究员，更是一对夫妻，经常会为了各种意见而争论，就像是两个运动员相互竞争，越跑越快，最后到达终点。这种激烈但互相尊重的争辩时不时地可以激发出全新的想法。奥斯特罗姆甚至在一本书中写道：致文森特，为了我们的爱情和竞争。

　　奥斯特罗姆并不是一个腼腆的人。所以，她和哈丁不仅建立了友谊，也成了竞争对手。他们挑战彼此，宣称自己能找到管理公共资源的最佳解决方案。奥斯特罗姆和文森特甚至邀请哈丁来家里吃晚餐。根据当时在场的学生芭芭拉·艾伦（Barbara Allen）的描述，奥斯特罗姆当时给哈丁端上了一份炖菜。

1.2　哈丁的悲剧

　　不论是捕捞大西洋蓝鳍沙丁鱼还是网络安全，哈丁关于退化草场的比喻可以用于其他各种资源。哈丁的论文中存在一个特殊的公共资源：人口。

　　和其他公共资源不同，《公共资源的悲剧》一文将全球人口描述为一种可以被过度开发的公共资源。哈丁认为"生育自由是无法被容忍的。"他认为，我们不能指望有良知的人会主动减少后代的数量，因为"良知会自我泯灭"。如果不加以管理，人类就会耗尽地球的资源，最终导致毁灭。哈丁认为，唯一的解决方案就是政府限制生育。"如果孩子因为缺乏远见的父母而被饿死，那这就可以说是过度繁育的基因种系的自我惩罚。"（此处引用原文。）

这是一个非常阴暗的观点。不论是从现实角度还是道德角度来看，都显得欠缺考虑。

哈丁不是先知。和他的预测恰恰相反，人口增长从1971年开始就不断放缓。当他出版论文的时候，全球人口年增长率为2.03%。到了2018年，增长率为1.11%。哈丁曾经写道："不论是现在还是过去，一个兴盛的人口不可能维持人口增长率为零。"今天，有25个国家维持人口零增长或者负增长，这些国家包括日本、古巴、意大利和波兰。有些国家因为内战或者经济危机导致人口减少，这些国家包括叙利亚和委内瑞拉。但是，全球人口仍然处于缓慢增长中。预计到2070年，全球生育率将降至每位妇女生育2.1名婴儿，这刚好符合人口零增长率的定义。到2100年，全球人口将稳定在109亿。这一数字将远超当前人口，但已经可以预见人口零增长的到来。今天出生的孩子有可能见证一个人口总量稳定的世界。

为什么哈丁错了？我们也许可以从他的论文中找到线索。"生育"一词出现了12次。"女人"或者"妇女"根本没有出现过。事实证明，在规模较小的家庭中，妇女更有权力决定是否要生孩子。人口统计学家K.C.萨米尔（K.C.Samir）和沃尔夫冈·鲁兹（Wolfgang Lutz）认为："有充分的数据证明，在所有的人口群体中，特别是那些还处于人口转型期的人口群体——接受教育水平越高的妇女，生育水平越低。"比如，在埃塞俄比亚接受中等教育的妇女平均生育两个孩子，而没有接受任何正规教育的妇女平均生育六个孩子。

对于哈丁而言，人类，特别是女性，能够选择生育后代的数量无疑是无法理解的。他排斥联合国《世界人权宣言》所宣称的"只有家庭才能决定家庭规模，其他人无权决定"。哈丁解释道："如果我们真的热爱真相，就应该反对《世界人权宣言》。"哈丁反对成功控制人口增长的解决方案，否认了女性的角色。政治学家马特·米尔登伯格批评哈丁是"种族主义者、优生学家、先天论者。"哈丁和其他20世纪60年代的学者都呼吁采取极端措施，有时候甚至是种族主义措施来支持环境的可持续性。威廉（William）和保罗·派多克（Paul Paddock）在名为《饥荒——1975！》的书中，建议终止对印度、海地和其他国家的粮食救济，因为这些国家"注定"要在饥荒中毁灭。他们认为，美国的食物救济应当转送到巴基斯坦和突尼斯这样的国家，以便发挥更大的作用。保罗·埃里奇（Paul Ehrlich）在《人口炸弹》一书中进一步发展了派多克兄弟的观点。埃里奇建议将强制推行大规模男性绝育作为食物救济的前提。

这些人可不是非主流学者。举例来说，哈丁和白宫环境质量委员会共同出版了一本书。埃里奇是约翰尼·卡森的"今夜秀"节目的常客。米尔登伯格（Mildenberger）呼吁当代环境学者摆脱源自20世纪60年代有缺陷的思想和意识形态。民主治理和合作也是管理公共资源的有效途径。前任联邦储备委员会主席珍妮特·耶伦认为："男性和女性对于公共政策有完全不同的看法，所以必须听取女性和少数群体的声音。"如果哈丁、埃里奇和他们的同僚能够倾听妇女的声音，那么我们可能会早日稳定人口规模，促进女性平权。

艾伦还记得奥斯特罗姆和哈丁在晚饭饭桌上的对话和二人信件中的内容。艾伦在2014年的一次采访中说："奥斯特罗姆和加勒特·哈丁保持了长期信件交流，二人在信中无所不谈。"艾伦拍摄了一部名为《真实的世界，可能的未来》（*Actual World, Possible Future*）的纪录片，专门讲述奥斯特罗姆的故事。

诺贝尔奖委员会认为，奥斯特罗姆多年来的研究证明，普通人——农民、渔夫和出租车司机——不仅有能力而且确实可以可持续地管理公共资源。虽然《公共资源的悲剧》一文已经出版了五十年，却依然在环境学领域有着巨大的影响。最近的一项调查显示，至少有三分之一的不同学科大学教师认为，哈丁的论文"展现了对于公共资源的前瞻性思考，如果学生要学习关于公共资源管理的内容，就一定要学习哈丁的理论。"而奥斯特罗姆则认为："经过多年的实验室研究和实地调研，有理由怀疑《公共资源的悲剧》一文的实用性。"

"人们说我不赞同哈丁的观点，但我要说，'不，这不对。我不是反对他。我已经证明，他认为公共资源一定会退化的观点是错误的。'"奥斯特罗姆对采访者说。"他在讨论一个需要我们严肃对待的问题。只不过他太偏激了。他说人类永远不可能妥善地管理公共资源。"

哈丁很不情愿地对此表示赞同："如果让我再来一次，我肯定会小心翼翼地按照以下几点归纳我的观点：在一个拥挤的世界里，一种缺乏管理的公共资源是不可能保证正常运转的。在之前的文本中，我没有用到'拥挤的世界'，但其实这几个字非常重要。还有，'缺乏管理'这几个字我在最初也没有用到。它具有很重要的意义，但是我没有把它写进去。"

奥斯特罗姆和她的同事迈克尔·麦金尼斯（Michael McGinnis）后来写道："哈丁没有想到的是，在面对这种悲剧的时候，个人有足够的能力重组自己设定的规则和改变自己的动因。"

奥斯特罗姆的研究工作表明，哈丁的理念存在欠缺。

1.3 奥尔森和集体行动逻辑

加勒特·哈丁不是第一个，也不是唯一一个认为"人类不可能为了共同利益而合作"的人。在1965年，一位来自中西部的经济学家，曼库尔·奥尔森（Mancur Olson），撰写了一本颇有争议性的书，书名叫作《集体行动逻辑》（*The Logic of*

Collective Action）。政治学家对奥尔森的观点很感兴趣。这本书也对奥斯特罗姆的工作造成了长期的影响。

在奥尔森的书出版之前，传统观点认为人之所以分成各个团体，是因为作为个人无法获得一些利益。也就是说，人类为了获得利益而采取集体行动。但是，奥尔森表示对个人而言，即便集体行动具有更大的利益，其中也存在一定的不合理性。对一个人来说，加入一个团体不是一件轻而易举的事情；但是，所有人都可以分享其中的利益。如果一个人在享受这些利益的同时还不用加入这个团体——这就是我们之前提到的"白拿问题"——那么选择不加入这个团体就是符合逻辑的选择。而在《公共资源的悲剧》中，如果所有人服从这个逻辑，那么没人会加入团体，谁都得不到任何利益。

让我们以工会为例。工会和工厂业主讨价还价，争取更高的工资和工作环境。如果成功的话，所有工人都可以享受工会工作的成果。但是，如果有些工人没有加入工会呢？他们在没有缴纳会费的前提下，也可以享受同样的好处。此时免费享受工会的劳动成果是完全符合逻辑的，甚至是合理的选项。如果有足够多的工人选择不加入工会，那么工会就会缺乏足够的运作资源。它不可能争取到更高的工资和工作环境。所有工人的利益都蒙受了损失。

在奥尔森看来，如果利益被分散了，而成本却提高了，那么人就会缺乏足够的动力进行组织。虽然总收益超过了总成本，但一个美好的世界已经遥不可及了。

在奥尔森看来，问题的解决方案在于让这些好处变得独有化。在这个例子中，加入工会并非一个可选项。如果所有人都喜欢工会带来的好处，那么不论他们是否想加入工会，缴纳工会费就是必须做的。不然，整个系统都会崩溃。这就是为什么工会对破坏罢工的人格外严厉。反过来说，这也就是为什么工厂业主拥护"工作权利"法，让工人具有不加入工会的"自由"。"工作权利"法让工人在拒绝加入工会的同时，还能享受工会带来的利益。长此以往，这就破坏了工会进行谈判的能力。

根据《集体行动逻辑》，不能保证独有化的利益就不应该存在，最起码也应该维持在极低的规模内。人们只要能免费获得好处，就不会花费时间和金钱去做点什么或者去组织团体。但是，电影《星际迷航》里的斯波克先生曾经说过："理智是智慧的开始……而不是结束。"

维基百科是互联网上最受欢迎的网站之一。几百万人依靠它获取信息。但是，按照奥尔森的逻辑，这个网站不应该存在。维基百科中的条目是由成千上万的业余爱好者制作的，而不是专业学者。每一名维基百科的编辑人员都自愿贡献时间和专业技能来更新数据库。他们并没有因此获得报酬。大多数时候，他们都保持匿名。维基百科不会出售广告位。既然有机会将无数知识囤积在付费墙之后，只对那些付费订阅者开放，为什么要免费公开呢？

埃莉诺·奥斯特罗姆会进一步说明，社群——不论是有实体的村庄还是网络团体都可以建立并执行规定，让那些做出贡献的人享受某个项目带来的好处。而那些可以提高个人声望的好处，比现金更加宝贵。维基百科的内容贡献者和减排的公司都采取了符合逻辑的行动，但埃莉诺·奥斯特罗姆的聪明才智将这种合理化流程公之于众。

人类在不需要外部施加的限制或者私有化公共资源的前提下，就可以通过合作来管理他们的公共资源。这么做的话，需要花时间制定出一套规则，并下功夫执行这些规则。集体行动混乱而复杂，有的时候不能保证成功。但是，奥斯特罗姆确定了一套"设计原则"，以此提高成功率。

奥斯特罗姆在2009年的一次采访中说："人类既不是天使，也不是恶魔。在这种条件和制度的环境下，他们会发现……有更强的意愿去为彼此思考，彼此信任，并且确保在这种互信的环境中，自己不会变成笨蛋。"

就像那些观看希腊悲剧的观众一样，我们知道故事的结局。埃莉诺·奥斯特罗姆获得了2009年诺贝尔经济学奖。真正精彩又具有启迪意义的是，她获取今天这个成就的经过。和俄狄浦斯的故事不同，奥斯特罗姆并不是命中注定能获得诺贝尔奖。我们知道了故事的结局，但她是怎么做到这一点的呢？让我在后文为你娓娓道来。

CHAPTER 2

第二章

洛杉矶地下水资源

❀

1933年，当埃莉诺·克莱尔·阿万（Elinor Claire Awan，埃莉诺·奥斯特罗姆的原名）出生在贝弗利山郊区的时候，当年的流行金曲是埃塞尔·沃特斯（Ethel Waters）的《暴风雪》。这首歌是这么唱的：不知道怎么的，天上看不到太阳，可雨却下个不停。真希望加州南部的情况也和歌里唱的一模一样。

贝弗利山和洛杉矶的其他城区一样，都缺乏水资源。干旱持续了九年，直到最近两年情况才有所好转。这里的干旱充分显示，城市在缺水的时候是多么脆弱。几十年前，马克·赖斯纳（Marc Reisner）在自己的经典图书《卡迪拉克沙漠》中写道，洛杉矶市的奠基者们知道，如果缺乏足够的水资源，这个城市不过就是"一个停滞不前、不断化脓腐烂、发育不良的贫民窟"。这片区域最初几乎完全依靠洛杉矶河的支流和地下水，来满足饮用、农业和工业需求。对于一座希望与旧金山一比高下的城市来说，这些资源远远不够。

随着大萧条和大沙暴的影响，人民开始向西迁移寻找机会，加州南部的人口开始不断增加。包括奥斯特罗姆的双亲在内的许多人，都开始在不断发展的电影产业中谋求生计。来自中西部的农民将自己的小麦田改种成橘子和其他用水量大的作物。直到今天，加州南部的采油业都欣欣向荣。像埃尔塞贡多这样的城市，就是根据该地区内标准石油公司（现在归属雪佛龙公司）的第二座炼油厂而命名的。这些都需要大量的水。

20世纪20年代末30年代初的干旱，不过是洛杉矶经历的众多干旱中的一个片段。20世纪初的干旱，促使洛杉矶——以有待商榷的手段——从欧文斯山谷取水。之后建成的洛杉矶引水槽确实暂时缓解了城市的缺水状况。地区内的人口不断增长，城市的水务部门主管，冷酷但又不乏远见的威廉·马霍兰德（William Mulholland），不得不想办法应对这一情况。20世纪20年代的干旱，让洛杉矶的水务工程师们将目光放到了更远的科罗拉多河。1933年1月，离奥斯特罗姆出生还有六个月，南加州大都市水务局开始了一项雄心勃勃的计划，科罗拉多河渡槽。新的渡槽将数百万加仑的水引到洛杉矶地区。

但是，这项壮观的工程造价不菲，而水务部门为河水开出了高昂的水价。但是，地下水更便宜、干净、可靠，而且储量丰富（短时间内确实如此）。如果抽水速率低于补充速率，那么地下水可以算得上是一种可再生资源。在洛杉矶沿海干燥的气候中，地下水补充速率非常缓慢。对地下水的需求很快就超过了自然补充率（超采）。水泵不断抽取着地下水。赖斯纳写道："所有人依靠几万年来积蓄的地下水生活，就像是一个挥霍遗产的继承人。"

2.1 加利福尼亚水资源战争

几乎可以肯定的是，马克·吐温没有说过（很多人也是这么认为）："威士忌是拿来喝的，而水则是拿来抢的。"但是，埃莉诺·奥斯特罗姆认为，水的稀缺性导致了加利福尼亚和其他地区暴力事件频发。她在她丈夫撰写的《水与政治》一书中，提到了一个发生在当代西部的故事。

在这本书中，文森特·奥斯特罗姆提到了洛杉矶是从欧文斯山谷获得水资源的——其他人更倾向于使用"偷窃"一词。洛杉矶从1890年左右以来，就注意到了欧文斯山谷的水资源。欧文斯河位于洛杉矶以东400公里，内华达山脉的另一侧，靠近死亡山谷。一位名叫弗雷德·伊顿（Fred Eaton）的洛杉矶人认为，欧文斯河就是解决洛杉矶水危机的关键。伊顿作为一位水利工程师和洛杉矶的前任市长，设想建一条渡槽横穿沙漠，从隧道中穿过大山，为自己的城市带来生机。他和威廉·马霍兰德都赞同这一设想。而后者则是洛杉矶最有权势和报复心的人之一。

问题在于，欧文斯山谷的人已经拥有了这里的水资源。按照加利福尼亚州的法律，按照"优先占有"的原则，水也可以变成一种私有财产。学校里的孩子都知道"先到先得"。如果一位农民一年使用100亩英尺①的河水，那么就有权在未来继续

---

① acre-feet，英制体积单位，相当于1英亩地1英尺深的水量，1亩英尺 ≈ 1233立方米。——译者注

使用。如果另一名农民搬到了上游，开始从河里取水，那么下游的农民因为是先到河边，就可以施行"先到先得"权，或者又称为优先用水权。在潮湿的年份，可能两位农民都有足够的水。但在干旱的年份，后来的农民要让河水流过自己的农田，供给有优先用水权的农民。用水权也可以和土地分割，在市场上进行买卖。

伊顿打算将欧文斯山谷的水引到洛杉矶，并从中大赚一笔。他购买了超过2000英亩（约为809公顷）的土地——包括用水权——这一切都是打着开发畜牧场的幌子。实际上，他将这些土地交给了洛杉矶市。有水的地方就有经济发展，而欧文斯山谷的居民眼睁睁地看着自己的经济未来像水一样流向了洛杉矶。因为没有水，欧文斯山谷的农田也不可能进一步发展，硬件设施和饲料店也越来越少，附近的商机也越来越少。

渡槽在1913年完成，但是洛杉矶还有更大的计划。城市需要更多的水资源才能满足发展需求。洛杉矶打算购买欧文斯山谷更多的土地和用水权，以此染指该地区的水资源，此类活动在20世纪20年代早期尤为频繁。山谷的很多居民都对此表示反对。双方不得不在法庭上一较高下，农民打开水渠阀门，让水在自己的田地上肆意流淌，以此表达对洛杉矶市的不满。在沙漠中气氛越发紧张，双方剑拔弩张。1924年5月21日，有人炸毁了孤松镇的渡槽。

　　1924年的夏秋两季，局势一直没有得到缓和，干旱还在持续。穆赫兰的水务局建议"摧毁山谷中所有的灌溉设施"，以此报复爆炸案。但是争夺欧文斯山谷的战争又持续了三年。大量财产被破坏，很多人丢掉了工作。万幸的是，没有人因此丧命。

　　如果这一切听起来非常熟悉，是因为整个故事已经被写进了1974年的黑色经典《唐人街》中。赖斯纳的《卡迪拉克沙漠》，史蒂文·艾尔（Steven Erie）和哈罗德·布拉克曼（Harold Brackman）二人合著的《唐人街之外》也对此有详细描述。

　　对于包括洛杉矶西部地区和西南部沿海城市的西部盆地来说，这一描述尤为准确。在20世纪初，曼哈顿海滩和其他沿海社区当时不过是由几百个家庭组成。但是到了1903年，洛杉矶太平洋铁路公司，将有轨电车服务从国王海滩延伸到了雷东多海滩。在火车延伸到这里之前，许多社区甚至没有加入洛杉矶市。交通运输的延伸，导致的是洛杉矶房地产的热潮。人口的暴涨和地下水储量的飞速消耗。

　　在这片大陆的边界，海水并不会在海滩停下脚步。多盐的海水渗入多孔的岩石，从海岸向内陆渗透几公里。地下淡水浮在海水上，就像是健力士浮在麦酒上，这是因为健力士和淡水密度更低。只要不受外界干扰，淡水层和海水层是不会混在一起的。

随着水泵将淡水抽出来，以满足不断增长的居民和工业需求，淡水层越来越薄。海水就像是一个楔子，开始向内陆继续渗透，与淡水层混在一起。即便是少量的海水入侵，都有可能让淡水无法饮用，或者无法用于工农业生产。没有淡水，加利福尼亚之梦开始变成一场噩梦。

随着沿海城市继续抽取地下淡水，海水继续侵入西部盆地。1912年，雷东多海滩第一个拉响海水入侵警报，赫莫萨海滩在1915年紧随其后，埃尔塞贡多市在1921年也紧随其后。西部盆地的市政供水部门都从同一个地下储水区抽水，这就像是好朋友们用几根吸管喝同一杯奶昔。朋友之间不知道谁喝得最多，但是他们可以看到奶昔在快速减少。每个人都想在奶昔完全消失之前，多喝几口。

后来奥斯特罗姆用一个经典困境来形容这种情况："古时那些对路过自己领地的人进行抢劫的封建领主，他们会拿走一切能抢到的东西，然后尽可能地守住这些财富，而在这场地下水的争夺战中，所有人都秉承这一原则。"

因此，各地水务部门和工厂继续抽水。到了1930年，大西洋沿岸至内陆800米范围内的水井全部无法工作。在某些地区，海水向内陆入侵了1600米左右。当1933年奥斯特罗姆出生的时候，每年都有几亿加仑的多盐海水流入储水层。包括奥斯特罗姆出生地的贝弗利山社区在内，中央盆地的各个社区对这种情况都非常担心。从水文角度来说，中央盆地和西部盆地是相连的，海水可以入侵整个洛杉矶地区。在20世纪40年代早期，奥斯特罗姆读小学的时候（图2-1），西部盆地部分公园和学校的草坪开始枯萎。从地下抽取的灌溉水也被海水污染。

在草坪完全枯萎或者其他显而易见的灾难发生之前，没人知道西部盆地有多少地下淡水，也没人知道有多少地下水被抽走。但是，有迹象表明当前的抽水速率是无法保持下去的。有些私人水井的所有者发现，水井中水位下降。到了1945年，才有第一份报告表明西部盆地的抽水速率已经超过了地下水的年平均补充量。

图2-1　小时候的埃莉诺·奥斯特罗姆

图片来源：布鲁明顿，印第安纳大学，莉莱图书馆

水泵拥有者终于发现，他们"抢劫犯领主"式的行为规范终于无法持续下去了。如果其他人继续大量抽水的话，那么个体水泵拥有者也不可能会停下来。合作并协调减少抽水量，才是唯一符合逻辑的选择，问题在于，具体该怎么办。

●   ●   ●

在1965年，埃莉诺·奥斯特罗姆写道："海水不断入侵，促使企业向公众寻求解决方案，以应对这个普遍存在的难题。"这是她博士论文的开头，也预示了她毕生的研究课题。四十年后，她对此表示："我从一开始就在研究公共资源，只不过我不知道罢了。"

奥斯特罗姆将自己的论文定义为研究"公共企业"。在商界，企业家们欢迎发明全新的产品或者生产工序。但是，那时的政治学家，会将政府看作一个既定事实。他们通常不会考虑到，市长、议会成员或者其他部门领导也可以就公共问题进行创新和寻求解决方案。公共企业家相较于私营企业主，享有更少的自由，因为公共企业家受制于各种法律和政治流程。不管怎样，公共企业家在促进公益方面可能体现出惊人的创造力。文森特·奥斯特罗姆对于公共企业的概念非常感兴趣，他当时是加州大学洛杉矶分校的教授。这个问题也激起了他手下很多学生的兴趣，其中就包括奥斯特罗姆，当时大家都称呼她琳（Lin）。

　　埃莉诺·奥斯特罗姆写道，政治学家认为单个公司，在这里指的就是这些运营抽水泵的公司，是"解决水供应问题的合适单位"。这些公司将彼此视为争夺一种数量有限且在不断缩减的资源的竞争对手。你不会和自己的对手分享关键信息。所以，各个水务部门没有分享关于地下水的信息，而是继续开采地下水。奥斯特罗姆注意到："在这种法律层面模糊的状态下，律师建议采水方尽可能多地抽水，然后再上法庭去打官司。这场抽水的比赛还在继续。""抢劫犯领主战略"可能从法律层面来说没有问题，但是它会摧毁至关重要的地下水资源。

　　应对不断减少的地下水资源的传统策略，是聚焦在独立的水务局和竞争市场。当冲突爆发的时候，他们要么参加经济博弈（按照奥斯特罗姆的说法），要么就是去法庭打官司。在经济竞赛中，各个部门试图获得可交易的用水权。但这种策略存在潜在的风险。按照加利福尼亚州"先到先得"的原则，其他用户可以获取没有履行的用水权。换句话说，这是个"要么用，不然给别人"的法规。所以，各个水务局很难为了未来的需求，先期获得用水权。而另一个策略——上法庭打官司——也是存在风险的。法官可能会给出"全有或者全无"的判决，所以这是个风险颇高的赌博。水务部门不想丢掉所有的用水权。

　　但是，如果个体公司不是"解决水供应问题的合适单位"呢？艾森豪威尔总统曾说过："每当我遇到自己无法解决的问题时，我就把这个问题做大。如果这个问题变小，我却无法解决它，但如果我让它变大，就可以看到解决方案的基本框架。"也许，问题的解决方案不在于各个水务部门，而是换个角度，让某些东西变得更大。

任何单独的一个水务部门都不可能解决过去抽水的问题。奥斯特罗姆发现，西部盆地的供水商已经明白应当采取合作的策略，而不是继续竞争，这才是管理地下水资源的正确方法。现在，该轮到公共企业家入场了。富有创造能力的水资源管理者寻找在更大范围内起作用的方法。他们认识到这是一场全盆地范围内的麻烦，而不是单个水泵的问题——也就是让问题变大——也许就可以实现地下水资源的可持续化管理。所以在1946年，随着郊区草坪在海水的浇灌下纷纷死去，各个部门联合起来组成西部盆地水务协会。

水务协会的目标是控制该地区内不受控制的地下水开采竞争。水务协会的成员可以就共同的问题展开务实的讨论，分享信息，研究地下水资源。喝咖啡的聊天有助于建立互信和社群感。

西部盆地水务协会可以帮助水务部门规避"全有或者全无"的法庭判决。法庭可能会决定应当以何种速率开采地下水，但也允许水务协会在成员之间按比例分配用水权。社区的用水户也可以决定谁可以用水，而不是让法庭制定相关规定。

加利福尼亚的法律非常照顾公共企业家。"鉴于政治结构倾向于运用公共权力进行协调的用水户和供水方，加利福尼亚州形成了一种相对有竞争力的公共企业体系。"这就是公共企业的本质。法律允许像西部盆地水务局这样的公共部门，组织各种协会和分区，从地区层面解决个体单位无法解决的问题。

　　水泵主知道他们必须削减地下水消耗。但是居民、工厂和农田依然需要水。在获得替代性水源补给之前，水泵主对于削减采水量颇为犹豫。水务部门之前拒绝了加入大都会水务局（MET），转而开采科罗拉多河。到了1947年，情况发生了变化。西部盆地的城市成立了一个和西部盆地水务协会不同的部门，这个部门名叫西盆地城市给水管理区。这个部门可以让市政供水部门进行整体运作，加入大都会水务局，从科罗拉多河取水。这个给水管理区成为市政给水管理区开采科罗拉多河河水的销售商，他们负责将水卖给西部盆地的各个社区。这个管理区在市政管理区会议上，代表了西部盆地用水户的利益。1949年，连接科罗拉多河的渡槽开始投入使用，那一年奥斯特罗姆16岁。

　　在确保了来自科罗拉多河的供水之后，西部盆地水务协会开始将注意力放在过度开采地下水的问题上。几年前的一起法律诉讼的调查报告显示，西部盆地水泵主抽取的水已经达到了储水层可持续产量的三倍。这份技术报告建议，将产量削减到可持续的水平，但是供水商拒绝这种大幅度的产量削减。西部盆地大多数供水商都签了一个自主性协议，同意削减25%的用水量。虽然这还没有达到技术报告中的推荐值，但这也是向着正确的方向迈出了一步。这个协定也建立起了交易基础，那些削减25%产量的供水商可以将额外的水卖给其他供应商。当奥斯特罗姆在1965年完成论文的时候，供水商已经削减了30%的采水量。

虽然削减了采水量，地下水开采量依然达到了可持续产量的两倍。这让各个社区，特别是距离海边很近的社区，面对海水入侵束手无策。西部盆地水务协会决定，最佳解决方案就是建立一个淡水屏障。在20世纪50年代，一个实验性项目开始实施，工程师通过附近海岸的水井，将淡水注入地下。注入的地下水形成了一层屏障，将大海与饮用和工业用的淡水分开。

2.2 循环用水，挡住大海

马克·基哈诺（Marc Quijano）和"哈勒姆英雄"存在一定的共同点——这个幻想出来的小男孩将手指塞进漏水的堤坝，拯救了整个荷兰。作为爱德华·C.莱特水循环设施的生产经理，基哈诺每日的工作就是挡住太平洋。但是，和把手指塞进堤坝里不同，基哈诺和同事们用水泵将回收的水送入地下，避免多盐的海水侵入西部盆地含水层。

这座高科技设施不过是70年来与太平洋斗争的最新前线。

从20世纪50年代开始，地区水资源管理人员将淡水注入地下，以此形成隔绝海水的屏障。通常来说，注入地下的淡水都是城市给水管理区买来的科罗拉多河淡水。但是基哈诺所在的设施，将这个计划向前推进了一步。排入下水道的家庭用水经过多级净化，然后再注入地下，换言之，就是循环用水。在几十年前，当这些水循环系统刚刚提出来的时候，反对者将其称为"从厕所到龙头"，基哈诺无不困惑地说："大家总是摆脱不了心中感到恶心的障碍。"这个设施可以生产五个等级的循环水。基哈诺说，只有接受"凯迪拉克处理"的最高级别循环水，才会被注入地下。访问该设施的访客甚至可以直接喝从水龙头里流出来的水。（我确实喝了，水没问题！）其他几个级别的循环水则被用于工业。设施内的实验室一直在检测水质，确保符合健康标准。基哈诺估计，可能要花几十年才能让循环水从注入地点到达别人的水井。第一批注入地下的循环水将在21世纪20年代到达各个泵站。在这场西部盆地和大海的永恒战争中，循环水是一种关键资源。

　　海水屏障通过了技术测试，但是价格不菲。西部盆地水务协会还要面对不少问题。谁来为全面展开的屏障计划付钱，是业主还是用水户？西部盆地水务委员会该如何收费？没有法律赋予的权力让其去收取费用或者税费。公共企业主再次找到了一个充满创意的解决方案。当地的项目拥护者说服加利福尼亚州政府通过立法，允许西部盆地水务协会和其他地下水给水管理区管理地下水计划，并收取相关费用。为了收取建造屏障的必要费用，西部盆地和邻近的中央盆地，联合成立了中央盆地和西部盆地补水管理区。这个组织对抽取的地下水收取"水泵税"。这个管理区利用这笔钱购买淡水，打造淡水屏障，补充地下水资源。征收水泵税意味着管理区可以知道全区域内的水泵抽取了多少地下水，并了解地下水位。这种大范围且及时的监控，对于维护地下水资源非常重要。

到了20世纪60年代早期，开始有一套复杂的制度用于管理西部盆地的地下水资源。有些规定关注淡水的输送，而其他规定则用于管理洪水和水污染。不论居民遇到什么问题，不论这些问题的规模，总会有一个协会、委员会或者管理区来处理这些问题。如果没有，那么公共企业家就会通过合作，打造一套解决方案。

这些部门的所作所为和当时政治学家的理论完全相反。行政效率并不高，需要进一步简化，而不是更加复杂化。但是，水资源管理部门的成功运营表明，一刀切的处理方案并不能保证效率。有的时候，看起来一团糟的组织体系反而能解决问题。

●　　　●　　　●

在贝弗利山高中毕业之后，奥斯特罗姆希望进入大学。她的父母这时已经离婚，不可能为她支付学费。但是，她并没有放弃。奥斯特罗姆通过做各种工作赚钱，交完了地区大学的学费，这些工作包括批改大一新生的经济学论文。而这所地区大学就是加州大学洛杉矶分校，全美数一数二的公立大学。她学习政治科学，而且表现优异。埃莉诺在1954年就毕业了，她只用了三年时间，而且获得了各种荣誉。

在20世纪50年代，接受大学教育的女性可以选择的工作并不多。当奥斯特罗姆毕业的时候，她的人生轨迹就已经确定了。在最后一个学年的寒假中，奥斯特罗姆和查尔斯（查克）·斯科特（Charles Scott）结婚。毕业之后，因为查克被法律学校录取，二人搬到了东边的波士顿。奥斯特罗姆在一家生产公司上班，资助查克念完法律学校。她是那家公司聘用的第一位从事非秘书类工作的女性。但是，奥斯特罗姆并不想做一位企业律师的妻子。她害怕主持派对，看到各家的丈夫们聚在一间房子里，而妻子们待在另外一间房子里。奥斯特罗姆很想返回学校，读取硕士学位。但查克并不赞同她的主意。1957年，奥斯特罗姆和查克回到了加利福尼亚州并和平分手。

奥斯特罗姆希望在加州大学洛杉矶分校读取经济学硕士学位。但这个计划却无法实现。在那个年代，学术辅导员不建议女性学习数学课程。没有学习必要的学术课程，就不可能读取经济学硕士学位。除非一位女性有完美的预见能力和绕过辅导员的能力——或者她拥有一台时间机器——不然经济学院是不可能录取她的。虽然本科毕业的奥斯特罗姆没有被录取，但是她的能力足以批改大学一年级新生的论文。

也许她用戏剧大师格劳乔·马克思（Groucho Marx）的台词安慰自己："如果一家俱乐部接纳我加入他们，那我绝对不会加入这家俱乐部。"五十年后，这一切却凸显出了一种讽刺意味。

政治科学院也没有录取奥斯特罗姆。多年之后，她回忆道："当时学院内部议论纷纷，因为几十年来，他们都没有女同事或者女学生。"后来，学院迫于主管的压力，接收了包括奥斯特罗姆在内的四名女生。"大家都在议论，为什么委员会录取了我们四个人。他们认为这样可能损害学院的名声。"

奥斯特罗姆参加了文森特·奥斯特罗姆举办的政治科学工坊。她的研究作业题目是"西部盆地的水井如何应对或者避免水资源透支"。没人会想到这个作业最终促成了一段长达五十年的婚姻和一个诺贝尔奖。

●　　●　　●

奥斯特罗姆和文森特于1963年结婚。她当时29岁，文森特43岁，这对新婚夫妇出于事业和个人原因离开了加州大学洛杉矶分校。虽然文森特在这里进行了多年学术研究，但是他感觉不到来自部门领导层的支持和赏识。除此之外，洛杉矶分校的"反裙带关系主义"规则意味着奥斯特罗姆不可能在这所大学里找到工作。即使她还是一位博士生，但只要她和文森特都留在洛杉矶分校，那她就不可能在学院内部找到工作。所以，当印第安纳州立大学伸来橄榄枝的时候，夫妇二人立即决定搬到布卢明顿。对奥斯特罗姆而言，不存在就业方面的限制。文森特和奥斯特罗姆可以通过合作，在学术方面取得不小的成就。

奥斯特罗姆虽然已经搬到了印第安纳州，却还在继续学习加州大学洛杉矶分校的博士课程。她继续研究洛杉矶的市政供水系统，将自己的研究集中于市政管理，而不是自然资源。她对于地下水的研究完全是机缘巧合。加勒特·哈丁的《公共资源的悲剧》于1968年出版，对于自然资源的研究并不是学术研究的主流方向。

1965年，奥斯特罗姆完成了博士论文，在印第安纳大学做了一系列临时和行政工作，最终成为一名大学教授。到了20世纪70年代初，她将注意力转回市政管理研究。这一次，艾琳研究的是关于警局方面的问题。城市警察和地下水治理一样，是一个跨学科课题，并不符合印第安纳大学政治系死板的构架。文森特的研究工作也涉及多个学科，他在布卢明顿再次遭遇了昔日在加州大学洛杉矶分校的各种问题。

这一次，二人没有选择离开，而是决定留在印第安纳大学。但是，他们需要为自己和其他有共同志向的师生创造一个容身之地。1973年，文森特和奥斯特罗姆建立了政治理论政策分析工坊。他们故意引用了工坊二字。就像是学徒向木工大师学习手艺一样,学生们也从大师那里学习管理的方方面面。他们可以摆脱大学的部门架构,独立扩展这个学术团体。印第安纳大学有关于"研究中心"的规定,但是对于一个带着"工坊"二字的组织却没有任何规定。(图2-2)

图2-2 1968年,埃莉诺·奥斯特罗姆在加拿大马尼图林岛的小屋边写作

图片来源:印第安纳大学布卢明顿分校礼来图书馆提供

在接下来的十年里,奥斯特罗姆继续进行着关于城市警务和其他城市公共服务方面的研究。传统观点认为,高度集中的官僚机构是组织政府服务的最有效的形式。但是,文森特的一些早期研究和奥斯特罗姆对于地下水管理的研究却得出了不同的结论,而关于警局的研究则进一步确认了这一点。一个去中心化的组织也是有一些优势的。文森特将这种去中心化的办法

叫作多中心化（poly centricity），即决策权的多中心化。有很多"制度性管理手段"可以保证政府服务的成功。多中心化和政府体制的理论，影响了奥斯特罗姆之后四十年的研究。

●　　　　　●　　　　　●

"你这样的政治学家要研究这种课题？"比尔·布隆奎斯特（Bill Blomquist）看着研究生脸上困惑的表情，想象着他们会问出这样的问题。大多数政治学家将选举和政治革命作为自己的研究课题。布隆奎斯特在印第安纳州的一所大学里研究洛杉矶的地下水，这确实会招来周围人惊异的目光。

1982年，奥斯特罗姆从德国休假归来。然后，她主办了一场关于组织学习的研讨会。她用自己对西部盆地水务协会的研究成果作例子，展示类似水利局这样的组织如何学习合作、制定规则和对地下水资源进行可持续化管理。但是这项研究已经有二十年的历史了。当一名参会者询问，这些规定是否依然有效的时候，奥斯特罗姆无法回答这个问题。

这个问题一直在困扰奥斯特罗姆，她必须回答。但是，奥斯特罗姆刚担任政治科学系主任一职，正需要帮助。凑巧的是，刚刚毕业的研究生比尔·布隆奎斯特被指派为奥斯特罗姆的研究助理。布隆奎斯特现在是印第安纳大学与普渡大学印第安纳波利斯联合分校的一名教授，他回忆说："我完全没有水利相关的背景。"他来自美国中西部的俄亥俄州，对于研究地下集水区的计划持怀疑态度。奥斯特罗姆为完成自己的论文研究了大量档案资料，做了很多采访。但是，二十年后，一切都变了。有些人已经退休了，相关官员调换了岗位。1982年可没有互联网，所以想找到这些人可不容易。为了找到这些人，布隆奎斯特打了不少电话，每一通电话都是这样开始的："最近过得可好？"

布隆奎斯特不仅研究了西部盆地，而且研究了洛杉矶附近其他的地下水富集区。在这些年里，西部盆地的采水公司继续着自己的业务。为了解决出现的新问题，他们组建了新的部门。但是，这些公司有的时候为了解决纠纷，不得不在法庭上打官司。海水渗入了地下水富集区，造成了长期性的破坏。但是到了20世纪80年代，各个公司已经稳定了局面。水利部已经将西部盆地和周边地下水富集区从过度开采的名单上清除。奥斯特罗姆在德国找到了答案，可以回答同事曾经问过她的问题。没错，这些协议依然有效。

布隆奎斯特和同为研究生的艾德拉·施拉格（Edella Schlager）、邓穗欣共同研究洛杉矶地区地下水，以此为切入点研究重要的政治科学问题。他们和奥斯特罗姆研究了为什么有些团体可以成功，有些却失败了；为什么有些团体可以通过集体行动解决问题，其他团体却不能。这个问题远比洛杉矶地下水治理更重要。他们和其他研究生研究为什么《邦联条例》（*the Articles of Canfederation*）失败了，而国会山的各个利益团体却能大获成功。他们所研究的问题是同样的。所以，这就是布隆奎斯特作为一位政治学家，要研究地下水管理部门的原因。

奥斯特罗姆在20世纪60年代早期完成了自己的论文，这时候加勒特·哈丁还没有完成《公共资源的悲剧》，但是当布隆奎斯特开始研究这一课题的时候，这篇论文的名字已经成了一种流行语了。布隆奎斯特和奥斯特罗姆从全新的学术角度，重新研究了加利福尼亚州南部的地下水富集区。到了20世纪80年代，公共资源已经是一个研究热点。布隆奎斯特重新讨论了"悲剧"二字的比喻和它的缺陷。他写道："对于公共资源耗尽的设想，催生了两个解决方案，一个是中央政府管理，另一个就是私有化。"他继续在文章中质疑哈丁的观点，并提供了另一种解决方案："像一个使用某种资源的组织一样使用公共资源。"与其将公共资源看作市场失败，布隆奎斯特认为，不如将公共资源看作一种具有独特获取途径和用途的治理形式。"使用资源的人可以独立开发出一种使用资源的规则。"

布隆奎斯特、奥斯特罗姆和其他同事开创了一个全新的领域。常见的那些理论和比喻——囚徒困境、公共资源的悲剧——无法适用于洛杉矶附近的地下水富集区。他们需要一套全新的理论来解释公共资源领域正在发生的一切。

●　　　●　　　●

金融家沃伦·巴菲特（Warren Buffett）曾经告诉投资者：

"当大潮退去之后，你才知道谁没穿衣服。"当年景好的时候，承担风险是一件很容易的事情。但是当危机到来时，那些承担风险的人可能就会暴露出来。

在靠近沙漠的位置建立一座城市是一项颇具风险的投资。洛杉矶需要稳定的水源。在20世纪的绝大部分时间里，洛杉矶通过河流改道工程，用内华达山脉和落基山脉的水资源满足需求。有一句老话说："水往高处流，流向金钱。"玛莎·哈尔（Marcia Hale），是一位来自格林斯伯勒的北卡罗来纳大学研究环境正义的学者，称呼这个时代是"建在管子上的城市"。只要内华达山脉和落基山脉下雪，洛杉矶市管道里的供水就不会中断。

但是，如果水停了怎么办？西部的天气不断变化，越发干燥。从2011年到2019年，加利福尼亚干旱天气累计达到367周。到了20世纪90年代，洛杉矶的水资源管理人员开始限制需求。虽然居民总数增加了几百万，但南加利福尼亚的用水量几十年来都没有发生变化。节水就是关键。哈尔将这种变化称为"自给型城市"。

2.3 冲浪者的礼仪

西部盆地一直延伸到圣莫尼卡湾，这里可以看到冲浪爱好者在艾尔波尔图和曼哈顿海滩冲浪，也能看到远处雪佛龙公司炼油厂的烟囱。"我们每天都能看到当地和来自世界各地的冲浪者,"在艾尔波尔图冲浪用品店工作的安吉尔·莫拉斯说,"他们从洛杉矶国际机场下飞机,来这买点东西,去冲会儿浪,然后就走了。这里是学生、游客和当地人冲浪的好去处。"(图2-3)特别是到了夏天,这里到处都是人。一个浪头上一次只能有几个人冲浪,而且还要避免挡住其他人的去路。从另一个方面来说,海滩是公共场所,没有官方规定限制冲浪者的数量。所以,海浪也是一种公共资源。冲浪者们也已经总结出一套办法,让所有人都能享受冲浪带来的乐趣。(图2-4)

图2-3 安吉尔·莫拉斯(Angel Morales)在艾尔波尔图冲浪用品店提供专业冲浪建议

图片来源:埃里克·诺德曼

图2-4 冲浪者为另一名卷入海浪中的冲浪者让路

图片来源:埃里克·诺德曼

我曾经在用品店遇到一位冲浪爱好者,这位在曼哈顿海滩冲浪的爱好者对我说,在过去,所谓的"本地人特权"不过是一种态度。如果外地人想在当地的沙滩冲浪，那么当地人"会对你翻白眼"，让你知道这里并不欢迎你。现在，只要遵守这里不成文的规定，所有人都可以在圣莫尼卡湾的沙滩冲浪。这位在曼哈顿海滩冲浪的爱好者说："不要挡在其他人的行动路线上。不要趴在冲浪板上划水前进。"冲浪新手应当躲在一边，不要挡住老手的去路。这是冲浪的基本礼仪。一个随意切入其他人行径路线的冲浪者，不仅会破坏其他人的体验，而且可能导致其他人受伤甚至溺水。如果有人不遵守这些规矩怎么办？一位颇有经验的冲浪者说："我会对着他们大喊。"

冲浪礼仪在很大程度上与奥斯特罗姆的设计原则匹配：界限、规则制定、监控和分级制裁。这些规则在各个沙滩和季节可能都有所不同，但确实可以保证海浪成为一种可持续利用的资源。

所以，当2011年发生大干旱时，居民们早就掌握了多种节水措施。搜索新资源的时代早就结束了。洛杉矶只能依靠现有的资源生存发展。

在最干旱的2014年，大力开采西部盆地水资源的想法非常有吸引力。在加利福尼亚南部，即便是富人都得花大价钱才能从黑市买水浇灌草坪。但是，西部盆地的采水泵，依然按照法庭规定的限量运作。实际上，随着干旱还在继续，居民甚至降低了用水量。到2019年旱灾结束的时候，采水量从2012年的

45000亩英尺降到了2019年的27000亩英尺。这比专家在1952年报告中所谓的"安全开采量"还要少30000亩英尺。

西部盆地水利局通过集体行动解决问题的办法似乎奏效了。在干旱缺水的时候，开采地下水的工作人员也做好了准备。他们可以根据形势采取行动，自觉遵守规定，可持续地开发地下水资源。

CHAPTER

3

第三章

缅因州龙虾帮

2016年夏天，在缅因州蓝山湾的龙虾捕捞者之中，爆发了一场“陷阱战争”。这片海湾是一个著名的捕鱼区，但这里却越来越拥挤。海湾一边的龙虾捕捞者会在另一头布置捕捉陷阱。当地人并不欢迎这种新的竞争。

龙虾陷阱通过一条绳子拴在一起，看起来就像是项链上的珠子。一个彩色浮标标记了陷阱的位置。如果捕捞者们不小心，那么固定陷阱的线就会在海底缠在一起，像一团绕在一起的项链。拉起一根线，就可以拉动其他几条线。如果这些线缠得够紧，捕捞者只能把缠在一起的线砍断，再将竞争者们的陷阱和捉到的龙虾一起扔掉。纠缠在一起的陷阱系绳让所有捕捞者都感到不悦。

这就是蓝山湾龙虾捕捞者们在那个夏天所面对的场面。一名捕捞者称当时蓝山湾“乱成了一锅粥”。这位捕捞者还说：“我们那出现了很多龙虾陷阱，这就造成了矛盾。所有人都咬着牙，就等着爆发的那一刻。当时情况非常糟糕，但事实就是如此。”

一群身份不明的捕捞者，开始切割其他竞争者陷阱系绳上的浮标。没有了浮标，就找不到陷阱。遭受损失的捕捞者也开始报复。等到了万圣节，切割浮标的报复行径造成了不少于35万美元的设备损失。作为缅因州海洋资源执法部部长的上校乔·科尼什（Jon Cornish）说："我在缅因州海洋巡逻队待了32年，陷阱战争造成的设备损失也是最多的。"

龙虾就像是洛杉矶的地下水，如果过度捕捞就会枯竭。而这里的龙虾捕捞者就像是洛杉矶的地下水管理人员，开始组织起来保护自己的资源。这些"龙虾帮"或者"港口帮"开始制定一套不成文的规矩，规定谁可以在哪里布设陷阱。当有人破坏规矩的时候，龙虾帮就会负责执法。当然，州法律中有关于龙虾捕捞的条文，联邦法律中还有关于离岸捕捞龙虾的规定。但是，州和联邦法律都不全面。

在私人财产和州政府控制之间，还有一个中间地带，即负责分配公共资源的各类民间组织。这就是哈丁忽视的部分，也是奥斯特罗姆所找到的突破点。

这些民间组织是什么样的呢？有些组织构架严密，和政府关系紧密。而其他组织则是由当地资源使用者组成的草根团体。缅因州的港口帮派就属于后者。

在20世纪的大部分时间里，自然资源管理者将注意力集中在龙虾和森林这种资源的生物学特性上，他们关心的是能捕获多少吨龙虾，树的生长速度，而忽视了自然资源的社会属性。但是，管理龙虾捕捞作业或者其他自然资源，本质上都是在管理人。

奥斯特罗姆与包括人类学家在内的多学科专家展开的合作，发现了多种管理自然公共资源的解决方案。这些跨学科合作为奥斯特罗姆《公共事物的治理之道》一书的出版并获得诺贝尔奖奠定了基础。

●　　　　●　　　　●

在20世纪80年代早期，奥斯特罗姆的事业迎来了一个转折点。距离她通过研究洛杉矶地下水管理完成博士论文，已经过去了整整15年。她将地下水问题当作一个管理问题，而不是一种自然资源。在多年的时间里，她用自己的专业技能处理各类管理问题。她绝大多数时间都在研究如何更有效地管理警局和其他市政部门。她这时已经在印第安纳州定居，距离洛杉矶很远。

到了1981年，她和文森特进行了一次休假旅行，动身前往德国比勒费尔德大学。同为访问学者的保罗·赛巴蒂尔（Paul Sabatier），询问奥斯特罗姆关于组织学习的想法。她用了论文中的洛杉矶地下水管理的例子，回答了他的问题。管理人员通过不断地尝试，发展出了一套可持续地利用地下水资源的办法。

奥斯特罗姆后来写道："保罗想知道，我研究这个课题已经是15年前的事情了，为什么现在依然相信这套系统运转正常。"而事实是，她自己对此也毫无头绪。

奥斯特罗姆返回印第安纳州，开始探寻这个问题的答案。在大约20年后，这些规定是否依然有效？她招募了研究生威廉·布隆奎斯特进行调查。事实证明，这些规定依然有效，地下水依然处于可持续化的管理中。

这个问题为奥斯特罗姆带来了一个全新的机遇。她去德国的休假之旅可谓是一段转换期。在离开之前，她完成了很多研究市政警务的课题。她的学生要么毕业，要么即将走出校园。这无疑是展开潜心研究的好时候。

奥斯特罗姆现在对公共资源领域可谓是驾轻就熟。她已经理解了加勒特·哈丁《公共资源的悲剧》中的比喻，多年来与他保持着书信交流。她和文森特撰写了一篇论文，将公共资源放在了公共和私有商品的大框架之下。所以，当她再次研究洛杉矶的地下水盆地的时候，就开始从公共资源的角度思考问题。

她在一次采访中说："我从一开始就在研究公共资源，只不过我自己不知道罢了。"

奥斯特罗姆的政治理论政策分析工坊关注的是政治理论，这是一个可以从各个角度进行诠释的大话题。奥斯特罗姆想研发出一套关于管理的理论，不仅可以解释加利福尼亚州的地下水管理部门，而且可以适用于所有的公共资源。要做到这一点，她将需要更多的自然资源共享管理的成功和不成功的例子。

幸运的是，她一位以前的学生邀请她参加美国国家科学院召开的共同财产资源专家咨询会。大约在同一时间，一群人类学家正在写一本关于共有资源社会问题的书。编辑邦妮·麦凯（Bonnie McCay）和吉姆·艾奇逊（Jim Acheson）邀请奥斯特罗姆撰写其中的一章。

"我们不仅对资源管理有兴趣，更对一群人如何制定规则来管理资源感兴趣。"艾奇逊在一次采访中告诉我，"奥斯特罗姆对于规则和规范的成形很感兴趣。我也是如此。她对我造成了巨大的影响。"

奥斯特罗姆也意识到了这一事态转变的意义。麦克雷回忆道："我们的邀请进一步鼓励了奥斯特罗姆，让她继续发展案例比较研究法。"

研究公共资源就像是玩拼图。每一名研究员都在拼自己的那份拼图——缅因州的龙虾，博茨瓦纳的放牧草场，亚利桑那州的湖泊，但是没人会退后几步，重新审视自己的研究是否符合整个大局势。也许他们的研究确实能够相互契合，也许事实并非如此。但是，奥斯特罗姆打算研究清楚。

奥斯特罗姆和这段时期内结交的研究员建立了长期合作关系，人类学家吉姆·艾奇逊（图3-1）就是其中之一。他对于缅因州龙虾捕捞者的研究表明，自然公共资源使用者之间的合作并不限于洛杉矶的地下水。龙虾捕捞者有自己的方法，通过制定并执行相关规则，确保了龙虾作为一种公共资源的可持续发展。这些规定通常效果都很好。但有的时候，这些规定就会失效，接下来就会爆发一场争斗。蓝山湾所发生的一切就是最好的证明。

图3-1　吉姆·艾奇逊，缅因州大学荣誉教授，《缅因州龙虾帮》（*The Lobeter Gangs of Maine*）的作者

图片来源：杰森·雷布兰多

吉姆·艾奇逊对于自己的书名《缅因州龙虾帮》并不

满意。很多人误解了这个书名，将"帮"这个字理解为"帮派"。艾奇逊说："这就令人想到了犯罪活动，而且大家似乎很喜欢这种解释。对于这种说法，我感到很后悔，因为这无疑是给一整个产业起了个错误的名字。龙虾捕捞者可不是一群恶棍。他们真的不是坏人。"他解释说，在缅因州，"帮"就是指一群人罢了。有人可能会把蒙希根（缅因州岛屿）的龙虾捕捞者称为"蒙希根帮"，或者把若干个龙虾陷阱称为"一帮陷阱"。艾奇逊对我说："在美国其他地方，'帮'代表着犯罪活动，但我确实没有表达这个意思。但是，大家都是这么理解的。所以，我对这个称呼感到一些遗憾。"

艾奇逊注意到了书名中的讽刺意味。他说道："在书名里加入'龙虾帮'三个字，当然是有助于销量。"他最新的著作《掌握公共资源》（*Capture the Commons*）更倾向于技术方面，而销量也不及前一本书。"我真该把这本书起名叫《龙虾法》（*Lobster law*）。这样销量会更好。"

缅因州的龙虾法对于维持龙虾产量至关重要。其中就包括对捕获龙虾的大小尺寸的规定。当捕捞者抓到带着卵的雌性龙虾，就会在尾鳍上剪一个V形缺口，然后把它扔回大海。这可以告诉其他捕捞者，这只龙虾还有生育力，即便是看不到卵，也应该放走她。但是，缅因州全州只有50名巡逻官。因为捕捉尺寸小于最低标准的龙虾或者带着卵的龙虾而被捕的概率非常低。所以，在海上该如何确保法律的效力呢？

关键就在于港口帮，这里特指在同一个港湾或者小海湾里工作了许多年的渔民团体，这些渔民可能几代人都在这里工作。这些团体形成了不成文的规定和行为准则并严格执行着这些规定。这些规定和执行措施引起了艾奇逊和奥斯特罗姆的好奇心。

艾奇逊是第一位被联邦政府雇用的人类学家，他当时为美国国家海洋渔业局工作。在一个全是生物学家的部门里，社会科学家的工作并不轻松。当艾奇逊的老板向其他同事做介绍的时候，其他人都向艾奇逊投来怀疑的目光。

艾奇逊回忆道："我当时一下子就知道该说什么了。"他对同事们说："你们对渔业和资源管理感兴趣，你们不是在管理鱼和青蛙，你们是在管人……我对人、文化和社会系统略知一二。所以我才会来这。"

这话虽然没错，但是没有引起其他同事的共鸣。艾奇逊承认："他们并不喜欢我说的话。"

艾奇逊作为一位土生土长的缅因州人，对当地龙虾捕捞者社群的社会结构很感兴趣，而这种兴趣完全是由两场令人不安的事故所引发的。

艾奇逊的一位亲戚讲述了多年前发生在缅因州南部的悲剧。三位好友晚上出去干活。他们决定捞起一批不属于自己的龙虾陷阱。艾奇逊说："他们在远离海岸的一个小岛上饱餐了一顿龙虾，就再也没有回来。"当局发现他们的小船碎成了两段，找到了两个人的尸体，但第三个人却再也找不到了。"我对此事很感兴趣，好奇到底发生了什么。"艾奇逊解释道，"我和当地捕捞业的从业者聊了聊，他说，这些人是从他们嘴里抢饭吃。"

第二件则是发生在艾奇逊年轻的时候，当时他和一位朋友一起去抓龙虾。他的朋友前一天放了两百多个龙虾陷阱。但是，他们二人却发现有人切断了标记陷阱位置的浮标，现在无法确定陷阱的位置。这可是一个重大损失。艾奇逊说："所有的龙虾陷阱一夜之间都不见了。当我朋友在计算损失了多少个陷阱的时候，我就待在船上，这一下勾起了我的兴趣。我之所以感兴趣，不仅是因为这些事故都是典型案例，更是因为它们都很有意思。"

艾奇逊的朋友和缅因州南部的三个人，完全是招惹了码头帮。缅因州沿海的港口，都是当地龙虾捕捞团体的地盘。如果你想在某个港口捕捞龙虾，就得得到州政府颁发的许可证。但是，单纯一张州政府的许可证是远远不够的。

艾奇逊说："为了能真正开始捕捞龙虾，你需要的是港口当地渔民的认可。"

库特·布朗（Curt Brown）在波特兰南部的伊丽莎白海角捕捞龙虾。（图3-2）对于像他这样的捕捞者来说，港口帮和他们设立的规矩是刻进骨子里的。布朗在祖父母建在海边的家里长大。他告诉我，他就是在那里学会了游泳、开船、拖拽龙虾陷阱和尊重其他捕捞者划定的地盘：

当你和其他人一样，在这一行里慢慢成长起来，那你就对这些规矩非常熟悉，你就是该这么干活，你遵守这些规矩，拖拽你的陷阱，你会把捕捞到的大部分龙虾扔回海里。这一切都有相关规定……你可以从社群学习这些东西。当我开始进入捕捞业的时候，这些规矩早在很久之前就确立了……这和去学校学习数学没什么区别。我不过是在海面上学习该怎么做事。如果你不按照规矩办事，那么你在这一行里可混不了多久。

和其他大型商用捕鱼拖船不同，捕捞龙虾是一种地区性商业活动，从业人员都是一个港口内的人，相互之间联系紧密，

图3-2　米希尔（Michelle）和库特·布朗在他们的捕龙虾船上
地点：缅因州，波特兰

图片来源：杰森·雷布兰多

形成了一个个小型社群。龙虾捕捞业的高度地域化的特点保证了产业的可持续性。这也是吉姆·艾奇逊的人类学研究与埃莉诺·奥斯特罗姆研究领域重叠的地方。他们和其他研究者一起，解释了社群在维持公共资源可持续发展方面的重要作用。

龙虾捕捞者遵守了州政府的法律和港口龙虾帮不成文的规定。他们之所以遵守这些规矩，是因为他们明白保护资源才能保证整个产业的长期利益。这些龙虾捕捞者认为，其他捕捞者也遵守这些规定。龙虾捕捞业的特殊性让人可以知道，其他同行是否遵守了这些规定。每个龙虾捕捞者的浮标都有独特的标色代码。在这种关系紧密的社群中，大家都知道彼此浮标的颜色。所以，如果有新人来海湾捕捉龙虾，或者有人在你最喜欢的位置布置陷阱，那么你很快就会知道。当捕捞者抓到一只尾鳍上带着V形切口的龙虾时（说明这只龙虾是一只能产卵的雌性龙虾），他们就知道其他捕捞者也遵守着相关规定。

如果你想隐姓埋名，那就搬到大城市去。在缅因州的海边小镇里，大家都知道彼此的营生行当。如果大家都知道有人破坏了规矩，大家就会议论纷纷，然后破坏规矩的人就要承担后果。举例来说，艾奇逊发现有些龙虾捕捞者社群"运用流言蜚语、诽谤和排挤让大家遵守规矩，符合社群的期望"。

对于库特·布朗来说，如果自己抓了只尺寸不合规的龙虾，那么破坏规矩对自己名声造成的影响，远超于缴纳缅因州罚款带来的损失。

　　如果你在同僚中的名声被败坏了，就很难再恢复。大家一辈子都投身于龙虾捕捞业，建立自己的声望。我记得自己还是个孩子的时候，一直想作为船尾水手登上别人的船，向别人展示自己的本事。如果有人抓到我偷偷抓了15到20只尺寸不合规的龙虾，那么孩提时代我所仰仗的那些大人，就会在当地媒体上看到我犯事的新闻。但凭这一件事，我就不可能涉足龙虾捕捞业了。

　　如果抓体形小的龙虾，可能会让你在当地商店里被冷落，但如果你在别人常去的捕捞点布设陷阱，或者将陷阱系绳缠在一起，那么就要面临严厉的惩罚。如果第一次出现这种情况，可能只是一次失误，你最多是在龙虾陷阱里看到一个瓶子，里面有一张便条。如果反复出现这种错误，那么犯错的人就要面对更严厉的惩罚，比如被人切断浮标。一位来自波特兰的捕捞者告诉我："还有一种更严厉的惩罚措施，我们称它为'长靴飓风'。你把破坏规矩的那个人布下的龙虾陷阱拖上船，踩碎它，然后再扔下船。"想象一下，当一位龙虾捕捞工拉起陷阱，没有看到一只龙虾，只有一堆扁如煎饼的龙虾陷阱，他会有多么惊讶。这是一条明确的信息，是时候换个地方安放陷阱了。

　　必须要说明的一点是，破坏龙虾陷阱或者浮标这样的财物是违法行为。但万幸的是，和几十年前相比，这种惩罚违规捕捞二的措施现在已经很少见了。取而代之的是向缅因州海岸巡逻队（有时是匿名）举报，或者向港务长举报违反保护法或者破坏财物的行为，这类举报已经变得越发普遍，社会逐渐接受了这种行为。

因为领地而出现的纠纷和处罚违规人员的故事依然极具戏剧性，但这种事情现在已经越发稀少了。破坏他人财物是违法行为。被判有罪的人会被吊销执照，甚至会因此入狱。在许多沿海社区，龙虾捕捞业都是支柱产业。丢了执照意味着一整年的收入都付诸东流。选择在什么时候用什么手段，执行成文和不成文的规定，将伴随着不同的收益和成本。何时违反或者执行这些未成文的规定是值得的，社会科学家有用来分析的工具。

●　　●　　●

奥斯特罗姆夫妇1981年的德国之行让他们学到了不少东西。他们不仅学会了德语，而且学会了博弈论。奥斯特罗姆作为一位终生都在学习的人，从比勒费尔德大学的经济学教授莱茵哈德·泽尔腾（Reinhard Selten）那里学习博弈论。泽尔腾因为对博弈论的研究获得了1994年的诺贝尔经济学奖。他和约翰·海萨尼、约翰·纳什（John Nash）一起分享了这个奖项。

博弈论中的一个著名理论是囚徒困境。在这个场景设定中，有两名被捕的骗子。警察将两人分别关押进行审讯。如果两名骗子都保持沉默，那么最终就会无罪释放。但是，如果一名骗子告发另一个人，这个人就会无罪释放，而另一个人就要面对漫长的刑期。在这个设定中，骗子告发自己的同伙是理智的选择。但是，如果两名骗子告发彼此，那么他们都要面对漫长的刑期。对其中一名骗子是最合适的选择，结果却变成两个人最糟糕的选择。

奥斯特罗姆发现，加勒特·哈丁的《公共资源的悲剧》不过是对囚徒困境的应用而已。相较于两个骗子，我们在这里看到的是牧民和龙虾捕捞工。如果所有牧民都缩减畜群规模，那么草场就不会退化（囚徒困境中的"保持沉默"）。但是，所有牧民只为自己考虑并决定扩大养殖规模，也是完全合理的（告发另一名骗子）。所有的牧民都会开始扩大养殖规模。哈丁曾经写道："在一个相信利益最大化的社会中，所有人都向着毁灭的结局狂奔。"

但是，并非所有的公用物资都被摧毁，而博弈论为我们提供了答案。囚徒困境假设博弈只进行了一次，而犯人之间也无法交流。他们在一天之中要做许多决定。他们知道该信任谁，又有谁会背叛他们。而背叛则会产生影响。

但博弈论并不仅限于囚徒困境。博弈论内容翔实而复杂，足以描述龙虾捕捞工的行为或者处于核战边缘的国家行为。奥斯特罗姆在印第安纳大学找到了两名和自己志同道合的经济学家，罗伊·加德纳（Roy Gardner）和詹姆斯·沃克（James Walker），二人对博弈论也很感兴趣。博弈论很快和其他跨学科解决方案一起进入了工坊的研究范围。

博弈论者无视那些与博弈无关紧要的对话。但是，奥斯特罗姆和她的同事认为这些对话也能产生巨大的影响。简单的对话——话题可以是天气、运动，这些都可以建立彼此之间的信任。奥斯特罗姆关于公共资源管理的基础之一，就是让资源使用者相互交流。

●   ●   ●

蓝山湾的陷阱战争是一场领地争端。长期在这里工作的捕捞工并不想和后来者发生争执，不介意使用非法律手段保护自己的领地。对于龙虾这种资源的管理，地域性也是重要的一个方面，但你在任何法律规定上都找不到关于它的内容。建立自己的领地并控制使用权，即便在这个过程中涉及非法手段，也可以避免大量捕捞工涌入这一区域，将龙虾捕捞一空。

家住缅因州长岛的史蒂夫·特雷恩（Steve Train），在和我一同出海的时候说："当你在海床上铺设龙虾陷阱的时候，就祈祷自己回来的时候，这些陷阱还在这里。这就好像是希望自己拥有一片领地。因为有人在维持法纪，所以在错误的地方布置陷阱将会付出高昂的代价。我认为这关乎尊重，你不会在别人的地盘上抓龙虾，你不希望别人这么干。我不会这么干，所以你也不会犯同样的错误。但是问题在于，你对自己的领地有什么安排？"

保护领地是一件风险很高的事情。破坏渔具是违法行为，单次最高罚金可以达到500美元。最糟糕的是，一旦定罪，可能在好几年里都无法取得捕捞执照。在缅因州欠发达地区，除了与龙虾相关的产业，能选择的工作并不多，所以大家都会三思而行。但是在蓝山湾和其他地区，有些捕捞工认为冒险保护自己的领域是值得的。保护自己的地盘，或者侵占其他港口帮的资源，通常是集体做出的决定，个人无法承担这么做的风险，集体行动才能保证成功。

艾奇逊感兴趣的问题是，什么时候采取行动以及由谁来执行。他在《缅因州龙虾帮》一书中描述了港口帮的基本行为模式。但是，奥斯特罗姆向艾奇逊展示了，博弈论可以用来解释龙虾捕捞工的行为模式。

在2001年，艾奇逊作为访问学者拜访了奥斯特罗姆的工坊，了解港口帮的具体运作模式。在工坊成员罗伊·加德纳的帮助下，艾奇逊通过博弈论，了解了龙虾捕捞工何时决定执行规定，保护地盘，以及尝试占领其他港口帮的地盘。只要驱逐其他港口帮所带来的收益超过行动成本，那么港口帮就会采取行动。但是，所有的这些收益和成本，以及相关的决定，还要受到包括沿海地区具体情况和距离海岸远近等因素的影响。

· ◦ ·

缅因州的龙虾捕捞业是全美最具有可持续性的产业之一。但是情况并非一直如此。在20世纪早期，缅因州的龙虾捕捞业似乎气数殆尽。

大海里曾经有很多龙虾，以至于美洲原住民以及后来的欧洲殖民者，可以沿着新英格兰遍布岩石的海岸，从潮汐形成的水洼中抓龙虾。龙虾腐败速度很快，如果你想吃龙虾，就得尽快食用。但是，19世纪中期出现的龙虾罐头改变了这一切。罐头厂需要龙虾，而捕捞工可以提供龙虾。

所谓的晚餐龙虾需要长到一定的尺寸，才能满足要求。而这些大个头的晚餐龙虾已经产过卵。但是，罐头商会采购各种大小的龙虾。对他们来说，龙虾尺寸的大小并不影响龙虾肉的质量，反正所有的龙虾肉都会装进罐头里。还没等小龙虾长大产卵，就被罐头商们做成了罐头。整个龙虾种群数量迅速缩减。

3.1

每一位龙虾捕捞工都在自己的专属地盘布设陷阱。但是，并不是只有他们才会将公用空间划分为若干非正式的领地。

车尾排队是大学足球比赛传统的一部分。在比赛开始前，粉丝们聚集在停车场烤肉，畅饮啤酒和苏打水。在密歇根州，这些饮料的罐子都有10美分的押金。对于那些富有创业精神，乐于到处收集这些瓶瓶罐罐的人来说，这就是一种宝贵的资源。

密歇根州立大学的博士生诺林·奇科沃雷（Noleen Chikoware），在课堂上接触到了奥斯特罗姆的理念。"我那时开始对公共资源感兴趣，并从废弃品的角度进行研究。"奇科沃雷使用奥斯特罗姆的理念和技术，研究这些收集瓶瓶罐罐的人如何在车尾排队中管理公共资源。

"你会发现这些非专业的资源收集者，对于收集铝制容器有自己独到的技巧。"她向我解释道。和龙虾捕捞工一样，这些收集者也有自己的地盘。有些人可能在车尾派对上活跃了20年。这些罐子是他们重要的收入来源之一。当一位经验丰富的收集者的地盘上出现了新的竞争对手时，奇科沃雷说："他们就会告诉这位新人'这是我的地盘。你快去别的地方吧'。"

对于一位来自津巴布韦的富布莱特学者来说，这对于她本国内的资源回收社群非常有用。这些人在垃圾场收集可回收资源，一方面养活自己，另一方面保护了环境。他们就像是车尾派对中收集瓶瓶罐罐的人，也有独到的公共资源管理办法。

在晚餐龙虾产业的支持下，缅因州立法规定了商用龙虾的尺寸限制。而失去了廉价小型龙虾货源的罐头商，不是关闭了工厂，就是转移到了加拿大。但是，当时的龙虾捕捞工还没有制定现行的种群保护制度。一名研究学者称那段时期是"海盗产业"，因为捕捞工并不在乎保护性法规，当局也没有认真执行。捕捞工刮下龙虾的卵，违法贩卖体型小的龙虾。在大萧条时期，龙虾种群数量持续缩减。

当时，缅因州沿岸正发生一场公共资源的悲剧。正如哈丁所估计的一样。州政府的干预阻止了龙虾数量的持续缩减。但是，这不是故事的全部。

在这场经济和生态危机中，缅因州立法机构通过了具有标志性的保护法："双测"法。双测法规定了龙虾的最大和最小尺寸。关于最小尺寸的规定，保证了龙虾幼体可以发育到性成熟。而关于最大尺寸的规定，确保了繁殖能力最强的龙虾可以继续繁殖后代，保护种群数量。关于最大尺寸的规定当时存在争议，但是直到今天，科学界和管理部门依然认可相关规定。但是在绝望的大萧条时期，立法者还是决定尝试一下。这条法律和其他少数几条"双规"法，依然是缅因州龙虾资源管理的基石之一。

州政府的介入至关重要，但是哈丁的预测也并不全面。龙虾种群数量的恢复并不完全是政府管理的功劳。到了20世纪中期，龙虾捕捞工团体内部也发生了变化。捕捞工不再和执法者对抗，不再寻求绕过法律规定的手段，转而提供更多保护措施。经过四十年的争论之后，缅因州于1995年第一次设立对于龙虾陷阱的规定，并在2000年进行了一次修改。也许更重要的一点是，即便是执法条件恶劣，违规的捕捞工不太可能被抓，龙虾捕捞工们主动养成了遵纪守法的习惯。

缅因湾研究中心的乔纳森·拉巴里（Jonathan Labaree）告诉我："我认为，众多让缅因州不能团结在一起的原因之一，就是关于最大尺寸的规定。它既是重要的规定，又促进了对有生育力的雌性龙虾的保护。"拉巴雷注意到大多数捕捞工都注意保护龙虾种群。"老实说，大多数渔民都很注重保护环境。他们可不想自己成为捞起最后一条鱼的那个人。"

捕捞工格雷格·格里芬（Greg Griffin）也赞同这种说法。他在一次采访中告诉我，他"完全支持"州政府的保护措施。格里芬说："龙虾捕捞工们在保护方面一直做得不错。"龙虾捕捞业是一种地区性产业，这和捕虾或者抓鳕鱼可不一样。后两种可是在开阔的大海里游来游去。龙虾每年在深水和浅水港之间迁徙。但当龙虾进入海港之后，基本上就会待在那里。格里芬说："你照顾好你的龙虾，龙虾就会照顾你。"（图3-3）

图3-3　用测量工具测量龙虾的甲壳

图片来源：杰森·雷布兰多

依靠着有效执行的地方性不成文法规，以及州和联邦保护法的支持，缅因州的龙虾捕捞业成为世界上可持续性最强的产业之一。20世纪早期，龙虾捕捞业的产量还处于低点，但是到了21世纪早期，产量已经达到了全新的纪录。当然，这也是多方面因素综合影响下的结果，其中包括类似于鳕鱼这样的捕食者的缺位和缅因湾的暖化。

在未来，最后一点可能是龙虾捕捞工们需要面对的最严峻的挑战。温暖的海水会让龙虾提前进入海湾，加速它们的生长。但是，龙虾更喜欢低温海水。在纽约长岛和罗德岛周围远海水域水温持续上升，对龙虾来说已经太热了。缅因湾水温也在快速升高，升温速度远超99%的海域。如果缅因湾水温过高，龙虾可能向北迁徙到加拿大。这无疑宣判了缅因州龙虾产业和周围城镇的死刑。（图3-4）

图3-4　格雷格·格里芬，缅因州波特兰市龙虾捕捞工

图片来源：杰森·雷布兰多

正如吉姆·艾奇逊所说："你不是在管理鱼和青蛙。你是在管理人。"在20世纪下半叶，龙虾帮和资源管理者面对的是数量不断增长的龙虾。在这种大背景下，龙虾帮建立并有效维持了自己的领地，执行各种关于龙虾尺寸和陷阱数量的成文或不成文的规定，用不同的方法来对付违反规矩的人。港口帮适应了生态、经济和社会层面上的各种变化。

龙虾帮非常坚强。他们非常独立，但也乐于通过合作应对挑战。他们将一如既往地应对生态、经济和社会层面上的变化，但具体方法尚不清楚。如果龙虾数量下降，那么龙虾帮该如何应对？各个帮派会互相争抢产量高的地盘吗？无论如何，如果他们要应对可能发生的龙虾数量和栖息地的变动，捕捞工就需要确立新的规则。

＊　　＊　　＊

20世纪80年代中期可谓是公共资源和政治科学研究的分水岭。这就像是20世纪60年代的摩城音乐和垃圾摇滚，布卢明顿即将出现重大变化。在20世纪80年代，埃莉诺和文森特·奥斯特罗姆，以及联合工坊的其他人，在政治科学领域创建了一套全新的理论。工坊的一名同事将其称为"布卢明顿学派"，这个名字源自奥斯特罗姆夫妇工作的印第安纳大学。布卢明顿学派和其他学派不同，该学派认为人类虽然会犯错误，但是可以通过合作和从错误中学习来进行自我管理。这是基于文森特关于管理的理论和埃莉诺以数据为基础的经验主义的共同产物。这个理论影响了实验设计，而实验结果和实地案例研究则反过来对理论造成影响。理论和实践就像是爵士乐队，不断演奏即兴乐段，然后合在一起继续合奏。

哈丁对于公共资源的理论不能解释的是，为什么会出现类似港口帮和地下水协会这样的民间组织来管理公共资源。奥斯特罗姆和吉姆·艾奇逊、邦妮·麦克雷以及其他社会科学家记录了这些案例。数据越来越多，但究竟用什么理论来解释这些案例呢？

在1985年美国国家科学院专家组会议上，奥斯特罗姆将团队对于研究公共资源管理系统的任务，比喻成早期生物学家所面对的挑战。几个世纪以来，生物学家用自己设计的系统来给生物分类，每一种分类系统都有自己的用处。但是，当生物学家们明白瑞典生物学家林奈的分类可以推进研究的时候，就果断采用了这套方法。现在，对公共资源的研究还处于起步阶段。来自各个领域的科学家——政治科学、人类学、经济学、社会学——努力对各种公共资源进行组织和分类。这就像知道哺乳动物有毛发和鸟类有羽毛，通过对公共资源的分类工作可以了解资源使用者的行为特征。这样就可以了解推动使用者行为的动力和其行为产生的后果。

但是，即便存在一个中心原则，其中也存在极大的模糊性。经济学家、生态学家和社会学家的术语库并不统一。缅因州龙虾帮的规定和洛杉矶地下水管理，或者土耳其的渔业存在任何共同点吗？如果事实真的如此，不同学科的专业人士又为什么如此统一地描述这些案例呢？

奥斯特罗姆写道，理解公共资源和管理办法的重点在于，管理组织和资源之间是如何匹配的。她想知道这些组织是如何坚持下去的，以及哪些因素对公共资源的可持续性最重要。

根据美国国家科学院专家组的工作成果，奥斯特罗姆认为存在若干因素，影响了资源使用者维持资源可持续性的方法。举例来说，肯定存在一个大家公认的准则。官方和其他资源使用者都可以执行这些规定。这些组织可以应对变化。奥斯特罗姆第一次尝试建立一套理论，解释如何维持公共资源时，引用了这些因素。

奥斯特罗姆受到了研究人类学和社会学的同僚的影响，将资源使用者作为自己工作的重点。通常认为，资源使用者什么都不知道，完全是依靠政府来施加各种规定。这种殖民管理式的态度并不完全正确，而且也是有害的。有的时候，资源使用者使用特有的方式来管理公共资源。但是中央政府并不总是征求地方资源使用者的意见。

奥斯特罗姆听取了资源使用者的意见。她并没有假设社群的成员被困在公共资源的悲剧之中。恰恰相反的是，奥斯特罗姆希望向他们学习。她发现"政府"和私有财产都不是管理公共资源的唯一手段。在这两个极端之间，还存在各种大大小小、正规或者非正规的社群和组织在管理着各种资源。在哈丁提出的公共资源的悲剧中，并没有出现社群这一概念。使用资源的社群并不单纯是个体的集合。社群通过居民的互动和交流，产生自己的特点。

艾奇逊和文森特理论的核心就是自我管理，也是布卢明顿政治经济学派的核心信条之一。文森特认为，基于互相尊重的争论、倾听和对于改变观点持开放态度是自我管理的基石。基于这些原则而形成的自我管理可以避免公共资源的悲剧。

CHAPTER

4

第四章
西班牙的水法庭

　　每到周四，人群就会聚集在西班牙瓦伦西亚市中心的圣女广场。正午时分，教堂会敲响大钟。一个身穿黑色长袍，手持钩杖的男人会带领另外八名身穿黑袍的人走向教堂的正门——使徒之门。当带着手杖的人大喊一声："用水投诉！"，人群也安静了下来。瓦伦西亚著名的水法庭就此开庭。正如过去一千年里发生的一切那样，法庭成员会在每周四中午举行公开听证会，解决关于灌溉水的纠纷。（图4-1）

　　水法庭是由960年前移居到西班牙的阿拉伯和柏柏尔农民所建立，并经历了中世纪基督徒统治时期、20世纪的佛朗哥统治时期和其间无数次旱灾。在2009年，联合国教科文组织将瓦伦西亚水法庭和穆尔西亚省具有类似功能的民间组织列为"人类非物质文化遗产"。

　　瓦伦西亚的农民再次展示了普通人是如何通过集体行动管理资源的。他们合力修建灌溉渠，建立使用灌溉水的规则，甚至成立了法庭来执行这些法律。学者们曾经认为，需要强大的中央政府才能建成规模较大的基础设施。历史学家托马斯·格里克（Thomas Glick）写道："人们都认为只有伟大的国王才能完成伟大的事业。"但是，瓦伦西亚的灌溉渠并不是伟大国王

图4-1　水法庭各位成员齐聚一堂，埃里克·诺德曼（图片中居左），
杰森·雷布兰多（图片中居右）

图片来源：费尔南多·罗莎

的杰作，是农民建造并管理了这套灌溉系统。

　　奥斯特罗姆忽视了一点。瓦伦西亚的水法庭是一处旅游景点，是司法的有效执行形式之一，也是一处历史遗产。历史学家为此撰写了大量书籍，艺术家用油画和雕像将法庭工作时的画面记录了下来。但是，问题在于这些知识都被各个学科所割裂。人类学家通常不会和经济学家交谈，农学家也不会看历史记录。但是埃莉诺·奥斯特罗姆却没有这么做。

　　奥斯特罗姆是一位收藏家。在丈夫文森特的帮助下，她收集了来自世界各地的艺术品。在同事和学生的帮助下，她收集了世界各地公共资源管理的成功案例和失败案例。奥斯特罗姆的精明之处在于寻找其中的共同点。她认为，不存在唯一的解决方案。用她的话说就是 "不存在万能药"。但是，那些成功管理公共资源的社群确实存在一些共同点。奥斯特罗姆将这些共同点称为"设计原则"，并总结出了八条原则。她将这八条原则写进了自己最有影响力的著作《公共事物的治理之道》（*Governing the Commons*）一书中。

瓦伦西亚的水法庭，就是这些设计原则的最佳体现。中世纪瓦伦西亚的农民，绝对想不到，他们设立的水法庭会保留到现在，成为全世界管理公共资源的典范。

●　　　●　　　●

埃莉诺·奥斯特罗姆遇到了一个问题，她希望了解社群是如何自行管理公共资源的。随着进一步的调查，她找到了更多例子。很明显，哈丁提出的关于公共资源的悲剧的比喻并不全面。但是，要对奥斯特罗姆所谓的"公共资源的困局"进行公正和科学的分析，需要的是大量的数据，而不是轶事和故事。她需要的是找到一种方法，对比包括洛杉矶地下水管理、龙虾捕捞工之类的各种案例。这是一项前所未有的工作。

所以，奥斯特罗姆使用自己的方法分析这些社群。她将这种办法叫作体制分析和开发框架。奥斯特罗姆将各个案例的关键要素进行重建，并以此为基础组建了这样一套框架。每个社群都通过自己的规则管理公共资源。其中一些规则变成了法律。其他规则变成了不成文的规则，成为社群内的规则，限定龙虾捕捞工可以在哪里布设陷阱的规定就属于后者。其他法律虽然已经成文，但是社群并不接受这些条文，而且也从没有执行过这些条文。这些规定，以及执行规定的人、资源使用者和社群的特性共同组成了这个框架的关键要素。现在，奥斯特罗姆可以比较各种公共资源了。

这个框架的萌芽始于1981年奥斯特罗姆和文森特前往德国的休假之旅。她在这里遇到了保罗·萨巴蒂尔（Paul Sabatier），而后者向她提出了那个关键问题：你怎么知道洛杉矶地下水管理规定依然有效？奥斯特罗姆花了5年时间，才将这套框架的第一版出版，之后又花了20年进行调整。但是，这套框架让她可以在各种公共资源之间进行对比。她可以进一步了解为什么有些社群可以成功管理自己的公共资源，但其他社群却无法做到这一点。

发明一套全新的框架是比较简单的。真正困难的部分在于，使用这套框架描述世界各地管理公共资源的案例。奥斯特罗姆邀请了几位同僚，协助自己记录和分析将近5000个关于公共资源管理的案例。她从关于乡村社会学、经济学、林业和其他学科的各种文章与书籍中寻找案例。从没有人就公共资源进行如此大规模的研究。通过这种分析，奥斯特罗姆得出了一套指导方针，并将其称为管理公共资源的"设计原则"。在那些管理成功的公共资源中都可以找到这些设计原则。而那些管理失败的公共资源也缺乏这些原则的参与。奥斯特罗姆累计发现了八条设计原则。

奥斯特罗姆举出了几个例子，并在《公共事物的治理之道》一书中提出了设计原则。而瓦伦西亚的水法庭就是其中一个例子。

4.1　奥斯特罗姆关于管理公共资源的八条原则

1.明确的物理和社交边界

2.因地制宜的资源开采和使用规定

3.受这些规定影响最大的个人可以参与规则制定

4.资源管理人员应对资源使用者负责

5.对破坏规矩的人使用分级处罚

6.平易近人的冲突管理机构

7.权威机构承认自我管理权

8.以嵌套式治理来处理复杂的各个系统

● ● ●

瓦伦西亚位于西班牙地中海沿岸一片干旱却肥沃的平原之上。整个城市被"瓦伦西亚的霍尔塔"包围。这里的霍尔塔，指的就是城市的花园。农民在小块耕地上种植各种作物，其中包括洋葱、土豆、洋蓟和制作当地特色饮料欧洽塔所必需的油莎草。但令这片土地出名的并不只是出产的蔬菜。这片土地上的农民已经坚持了一千多年。

在西班牙东南部干旱地区，灌溉系统有着悠久的历史。瓦伦西亚大学地理学教授卡尔斯·桑奇斯·伊布尔（Carles Sanchis Ibor），在一次采访中对我说："从罗马时期起，就有了灌溉设施。但自从公元5世纪罗马帝国崩溃之后，这套灌溉系统就已经彻底被放弃了。所以，我们的灌溉系统真正的起点，要始于公元8世纪阿拉伯人和柏柏尔人从北非迁移至此开始。当他们迁移至亚平宁半岛的同时，也带来了高度发达的水培技术。"

来自北非的移民拥有发达的农业和工程技术，他们将图里亚河干燥的河谷变成了肥沃的农田。正是这些农民，而不是强大的中央政府，建立一套由八条运河组成的灌溉系统，每一条运河都形成了一个独立的灌溉区。自从1238年阿拉贡国王詹姆斯一世征服这片地区之后，宣布其中七个灌溉区为农民的公共财产。

几百年来，整个运河系统利用重力让水流顺势流淌，灌溉了几千英亩的农田。整个系统没有使用水泵、电力或化石燃料。运河闸门完全靠手动升降。书本大小的瓦片就可以控制流入田里的水量。今天，混凝土和钢结构取代了土沟和木质闸门，但公元10世纪的安达卢斯农民也能一眼认出今天的灌溉系统。

瓦伦西亚的花园并不仅是一项工程奇迹，更是科技和管理的结合。古代的农民挖出渠沟引流图里亚河的河水，并创造了

一套可以让所有农民都能使用等量的灌溉水、快速解决纠纷的社会系统。（图4-2）

图4-2　瓦伦西亚农田之间的一条灌溉渠蜿蜒曲折

图片来源：杰森·雷布兰多

为了满足灌溉洋葱、洋蓟和其他作物，农民必须从运河中引水。但是，大家必须按照顺序一个个地来。在地中海的这片地区，这种按序取水的方法很常见，而在瓦伦西亚地区更是极为常用。

瓦伦西亚理工大学的工程学教授马尔·维奥莱塔·奥尔特加·雷格（Mar Violeta Ortega Reig），向我解释了它按序取水的原理。运河里的水完全依靠重力流动，所以这里的农民"沿着运河，从高处向低处进行灌溉。在一条运河的覆盖范围之类，按照地块顺序灌溉，等轮到你，你才能开始取水。"这里的农田存在少许的高低差。土地经过仔细的规划，呈阶梯状分布，可以保证河水以均量灌溉整片农田。

每条运河会在每周中固定的一天开闸放水。但是，河水需要一段时间才能流过整套灌溉系统。河水需要几个小时甚至几天，才能流到地势最低的农田。

奥尔特加·雷格说："通常来说，你不知道什么时候河水会到达你的地块。这取决于有多少人想在你之前浇地。"到了放水的那一天，农民在农田耐心等待，看着上游的邻居浇灌农田，等着水流到自己的田里。没人想错过引水浇地的机会。

每一个灌溉社区都有自己的一套提示系统，提醒农民什么时候可以浇地。奥尔特加·雷格解释说，拉斯坎亚运河区使用了黑板。用水的农民在整片区域建造了小亭子，每一个亭子内部都装有黑板、粉笔、一把钥匙和可能留给农民的便条。

等时候到了，一位农民就走到黑板旁边。这位农民名叫埃内斯托·马里·扎佐（Ernesto Marí Zazo），他在瓦伦西亚市周围的农田里度过了整整75年的时光。虽然现在退休了，但他还是名熟练的焊工。在空闲时间，他还是会在家中世代相传的农田里帮忙。

扎佐说："我是第一个在黑板上写下日期和姓名的人。等我写完，其他人根据引水的渠道，可以引用的水量也有所不同。"第一个在黑板上写下名字的人，也会拿走开关闸门的钥匙。在其他人等待引水灌溉的时候，也可以通过黑板上的记录得知现在谁在用水，钥匙又在谁的手上。在这种内部关系紧密的社群之中，农民认识彼此，知道大家田地的具体位置。当农民完成灌溉之后，他就会把钥匙放回到黑板处。这是一个简单、没有任何技术含量的系统，但是已经成功运作了几十年。

奥尔特加·雷格指着亭子内的便条说："你可以看到里面有一条留给农民的信息。他们每年要为每法内卡达（*fanecada*，瓦伦西亚当地面积单位）的土地交纳4欧元的费用。我之前已经给你讲过这种计量单位了。"

法内卡达是当地的一种计量单位，它可以用来计算土地面积和灌溉用水量。一个法内卡达约等于810平方米。农民交费获得水的使用权，而不是实际用于灌溉的水量。

法内卡达将土地和灌溉用水关联起来，这意义重大。在瓦伦西亚，使用灌溉用水和土地之间有直接关系。和西班牙其他地区不同，瓦伦西亚地区使用灌溉用水的权力直接和土地所有权挂钩。这意味着用水权无法被交换、购买或者出售。每一位农民都有权得到足够的水灌溉自己的庄稼。至于庄稼的实际用水量，并不会对此造成影响。

在瓦伦西亚，运河水是公共财产。加勒特·哈丁会假设运河水遭到过度开采。毕竟，农民想用多少水都可以。如果水是一种私有财产，可以在市场上交易，这位农民肯定会以加仑为单位出售水。这就能保证农民有效利用水资源。但是，和哈丁

（以及绝大多数经济学家）的预测恰恰相反，这套按序轮换的系统保证所有人都有足够的水可用，而且已经成功运行了一千多年。

当这一区域的农民浇完了庄稼，就打开闸门，让河水流向下一个区域。关闭闸门、灌满渠道、灌溉庄稼、打开闸门，运河两岸的农民都遵循这套程序。

奥尔特加·雷格和马里·扎佐继续聊了几句，然后大笑起来。（图4-3）"他刚才从加泰罗尼亚语转换成了西班牙语，然后说，我并不喜欢说西班牙语！然后他又说，'别叫加泰罗尼亚语，是瓦伦西亚语。'他说，就算是政治家认为加泰罗尼亚和瓦伦西亚是一个地方，二者之间还是存在差异的。他可不

图4-3　马尔·维奥莱塔·奥尔特加·雷格和埃内斯托·马里·扎佐，解释如何用黑板记录当天浇灌农田的人

图片来源：杰森·雷布兰多

想这里变成加泰罗尼亚的殖民地！"

埃内斯托·马里·扎佐说完，就继续回头灌溉农田了。水可不会等他。

●　　　●　　　●

正是瓦伦西亚的运河系统，让农民在这片干旱的谷地中进行农耕成为可能。但是，这些运河是如何修建的？又是什么让它们能保存到今天？

其中的秘诀就是组织。瓦伦西亚和周边地区使用运河作为灌溉水源的社群，长久以来已经实现了民主治理。当地的地主可以参加地区全体会议，但是租地的农民却无权参加。这个全体会议负责制定运河区的各项规则，确定运河的维护费用并处理其他事项。参会的地主选出几名成员组成执行委员会，负责领导整个大会。他们还会选出一名地主担任主席，这名主席一方面管理执行委员会，另一方面要在水法庭上代表整个运河区。

大多数时候，河水会在运河道中自由流淌，穿过整个农业区，不存在任何问题。但有的时候总会出现些问题，可能是一道闸门卡住了，也可能是有人忘记轮到自己灌溉农田了。地区主席通常可以解决这些问题。但是，如果出现更严重的问题，就只能交由水法庭来处理了。

在瓦伦西亚大教堂旁边的圣母广场，水法庭在广场旁边的建筑里保留了一间办公室。从办公室的位置可以直接看到广场的图里亚喷泉，这座喷泉是专门纪念赋予这座城市和运河生命之水的图里亚河。每逢周四，人群聚集在广场上围观法庭的公开听证会，但在这之前，还有许多工作需要在办公室里完成。办公室的门上可以看到法庭的标记，一个带着钩子的手杖，农民用这种工具拉起运河的闸门。

协调秘书玛丽亚·何塞·奥尔莫斯·罗德里戈（María José Olmos Rodrigo）负责法庭的日常工作。她是水法庭唯一的全职员工，各项工作让她非常忙碌。她要打各种电话，回答各种问题，维护文件和档案。如果出现用水方面的问题，就将问题传达给负责的主席。我在办公室里和她见了一面。

水法庭有两个职能。奥尔莫斯·罗德里戈解释说："一个职能是司法方面的，也就是每周四教堂门口举行的听证会。另一个是行政方面的，听证会结束之后，所有人就在办公室办公。举例来说，他们会讨论未来一两周的用水量这样的问题。他们会看上一周里遇到的各种问题。"法庭的主席负责主持这些行政会议。水法庭会选出两名成员担任主席和副主席。副主席必须代表一个运河区，而主席则代表图里亚河对岸的另一个区。

水法庭以其司法功能最为出名。每个周四的中午，当教堂敲响大钟时，法庭成员就会齐聚在瓦伦西亚大教堂的使徒之门前。带着标志性带钩权杖的法警，带领法庭成员进入围栏就座。作为开庭的信号，法警开始呼唤各个运河区的被告姓名。

各个运河区通用一套关于用水权的规定。常见的违规行为包括不按顺序抢用水源或者用水时淹没了邻居的农田。（图4-4）

图4-4　水法庭协调秘书玛丽亚·何塞·奥尔莫斯·罗德里戈

图片来源：杰森·雷布兰多

水法庭的判决非常迅速。根据运河区位置的不同，法庭可能需要三到十天处理投诉。在周四的听证会上，法庭成员会检查证据，听取双方的辩护。在这种法庭上，是不需要律师出席的。为了避免利益冲突，当事人所在运河区的代表是不会出庭的。代表会检查证据，听取目击者的证词，在众目睽睽之下和其他就坐在使徒之门前的代表讨论案情。在几分钟之内，水务法庭就会做出终审判决，有罪的一方无权上诉。

法庭会做出定罪决定。而通常包含罚金和对造成的损失进行赔偿的处罚，会再交给运河区和区委员定夺。法庭庭审完全口头完成，成员讨论也不存在书面记录。几个世纪以来，水法庭都没有书面记录。今天，秘书会记录法庭做出的决定，但对于庭审细节的记录却寥寥无几。

没有哪个农民想在几百名围观群众的注视之下，被拖到水法庭周四的听证会上。所以，农民都乐于合作，通过努力求同存异。有的时候，这些农民会在出席听证会之前解决纠纷。"有的时候，他们会在出庭前五分钟达成协议。因为对于农民来说，出席水法庭实在是太丢人了。"奥尔莫斯·罗德里戈说。大多数时候，根本就不会举行听证会。大多数纠纷通常会在几分钟内解决。

"你知道为什么要在大教堂外开庭吗？"奥尔莫斯·罗德里戈问道，"因为这样所有人都可以参加。"

这里的所有人，包括了宗教信徒、妇女和男人。奥尔莫斯·罗德里戈指着墙上的一幅画，这幅画是贝尔纳多·费兰迪斯（Bernardo Ferrándiz）1865年所画的《水法庭》的复制品。画上内容展现的是19世纪初水法庭开庭审理案件。代表们坐在一张长椅上，身后就是使徒之门。在他们面前，站着一位穿蓝色长裙和白色披肩的妇女，她自信满满地一手叉腰，一手指着旁边的男人，周围还有一大群围观群众。一名代表和旁边的人窃窃私语，也许是在讨论目击证人的证词。

历史学家茱莉亚·哈德森·理查兹（Julia Hudson Richards）和辛西娅·冈萨雷斯（Cynthia Gonzales）认为，这体现出瓦伦西亚社会中妇女的地位。从古时候起，瓦伦西亚的妇女就可以拥有财产，其中就包括城市周围的田地。作为地主，妇女有权用水，在水法庭上维护自己的权益。

奥尔莫斯·罗德里戈，作为一名经济学家，更倾向于留在幕后。但在闲暇时间，也会耕作自己的田地。

奥尔莫斯·罗德里戈说："当我父亲死后，我和姐妹们决定继续经营他留下来的小片农田。我们种了橙子、柑橘、克莱门小柑橘。但这都不是重点！这是我的个人生活！"她笑着说，"当我还是个小孩子的时候，我就和父亲一起去浇水。我一辈子都在和农田打交道。"

到目前为止，所有的社区委员都是男性。但是，这片地区也随着时代在改变。越来越多像奥尔莫斯·罗德里戈这样的妇女和她们的姐妹，都拥有了自己的土地和农田。

"我认为这是有可能的。"奥尔莫斯·罗德里戈自信满满地说，"在过去，根据传统，是男人来承担这些工作，而妇女则负责其他的工作。现在，情况正在发生改变。"地区议会中有一些妇女。如果能获得选票，也可以参选区委员。

"没有规定禁止妇女担任区委员，所以她们当然可以这么做。实际上，已经有妇女参选区委员，但没有获得足够的票数。也许是时候出现一位女委员了。"

● ● ●

运河分区，设立针对用水权的规定，通过选举确立领导人，执行快速判决。

以上这些是奥斯特罗姆和同僚利用她自己发明的研究框架，通过研究得出的结论。她利用这套研究框架，将西班牙的灌溉系统和尼泊尔的灌溉系统、日本的公用森林和瑞士的高山草场进行对比。她的团队分析了成千上万个案例，但其中只有一部分的案例为精确的对比提供了足够的信息。

"其中真正神奇的是，我们这个领域就是一个巨大的档案柜，大家都可以在其中进行搜索。"奥斯特罗姆在一次采访中说道，"所以，我们才会不停地争论。'现在让我们用这个思路重新看看你的那个案例。在新的案例中也要注意这一点。'"

奥斯特罗姆在1986年回到了德国。"当我第二次造访比勒费尔德大学的时候，所有人都来找我。'哦，咱们来聊聊——哪种市场规则有用呢？哪种官僚体系适用呢？'我知道他们想要最简单的答案。我一直在读书，但是找不到最简单的答案。"

后来她明白，不存在最简单的答案。这个答案既不是"市场"，也不是"政府管理"。对于公共资源的困局，不存在万能解决方案。真正存在的是各个社区在管理公共资源时，所使用的各种"设计原则"。而在瓦伦西亚的案例中，就可以看到这些设计原则。

这套系统在瓦伦西亚非常有效。在西班牙当地的邻近地区，他们的灌溉系统采用了不同的管理规定。这些规定和瓦伦西亚所采用的规定都已经沿用了几个世纪。奥斯特罗姆在新墨西哥州、菲律宾和尼泊尔发现了更多可持续性灌溉系统的案例。这些社群都按照所处环境的特点，设计了独特的规则体系。

不论是管理灌溉系统，又或者是森林、渔业和其他资源，都不存在"万能解决方案"。有的时候，市场和私人财产可谓是有效的解决方案，还有些时候，政府干预则更适合。但这些都不是应对公共资源困局的唯一解决方案。如果这些社群的自我管理符合奥斯特罗姆的设计原则，那么这些社群就可以实现资源的可持续化管理。

《公共事务的管理之道》一书出版之前，公共资源并不是大多数政治学家关注的领域。绝大多数的政治学家研究的是选举、法庭和立法。政治学家甚至不清楚，自己应该去研究农民和龙虾捕捞工如何管理公共资源。而这项工作的跨学科属性，也没有在大学的学科构架中获得太多关注。

但是，当奥斯特罗姆的著作面世之后，大家才开始注意到这一点。这是一部基于真实数据和细致分析的对哈丁的《公共资源的悲剧》的反驳。她的书证明，这种悲剧并非只有私有化和政府管理这两种解决方案。瓦伦西亚省人民和其他无数社群，都发展出了自己的资源管理系统。其中有类似水法庭的正式机构，还有类似港口帮的非正式组织。无论这些组织正式与否，这些组织都遵循了同样的设计原则。

4.2　用奥斯特罗姆的设计原则分析瓦伦西亚省灌溉系统

1.明确的物理和社交边界：各个运河区之间界限分明。每块农田何时从运河引水都有明确的时间。运河区也存在明确的社交规定。和租地的农民相比，地主有更多的权力。

2.因地制宜的资源开采和使用规定：灌溉系统有一套因地制宜的管理规定。八个运河区对于灌溉取水都有自己的规定。在拉斯坎亚区，农民在黑板上写上自己的名字。在另外一个区，所有人在日出时会面。各个社区依照自己的情况，采用合适的方案。

3.受这些规定影响最大的个人可以参与规则制定：农民（此处指拥有土地的农民）参与运河区的治理。他们可以参与大会，投票选出运河区执行委员会成员和委员。如果他们不喜欢这些规定，农民可以投票罢免领导人。

4.资源管理人员应对资源使用者负责：在农民完成灌溉之

后，这一点就更为明显。土壤已经湿润。所以农民一眼就能看出谁在遵守规定。农民可以相互监督，这就可以让所有人都避免违规。

5.对破坏规矩的人使用分级处罚：当水法庭判定一位农民有罪，那么农民所在运河区的代表就会实施处罚。农民通常要缴纳一笔数目并不高昂的罚款。但是，惯犯会被取消用水权。而没有水，农民也无法谋生。

6.平易近人的冲突管理机构：水法庭不过是世界上众多古老的冲突管理机构之一。整个审判流程透明而迅速。大多数判决时间不超过两个星期。

7.权威机构承认自我管理权：西班牙1978年宪法承认水法庭在灌溉水管理方面的权力。

8.以嵌套式治理来处理复杂的各个系统：从技术和社会角度来说，灌溉运河系统是非常复杂的。这套系统通过各个运河区的大会，和灌溉区整合在一起。每个区选出一名代表参加水法庭。

忽然，公共资源成了一个热门学科。

● ● ●

农田里的工作非常辛苦。埃内斯托·马里·扎佐继续在家族的田地里耕作。"这和赚钱无关。"他说。他之所以喜欢做农活,不过是可以让自己退休生活更加充实。

和当地许多农民一样,埃内斯托·马里·扎佐渐渐老了。但是,他和妻子并没有孩子。当耕地对他来说太过困难的时候,谁来接管他的农田呢?没人能回答这个问题。

年轻的瓦伦西亚人是否已经和当地的农田渐行渐远了呢?年轻人会继承农耕传统吗?瓦伦西亚的农田已经延续了一千多年,因为它可以不断适应环境,而且有迹象显示,这片农田也在不断适应处于变化中的经济和社会环境。

地理学教授卡莱斯·桑奇斯·伊博尔,作为年轻一代的瓦伦西亚人,他依然感觉到自己与农田之间的联系,但是他自己并没有土地。"这里有些农民,将自己的土地租给来自城里的种植工。"他说,"举例来说,我手上有一小片农田,是从城市周围大片的种植园中租来的。到了周末,我就骑着自行车去那里。我给那一片农田浇水,为家人种植有机蔬菜。"

在城市周围的农田中,这种社区花园数量很少,但已经变得流行起来。城市居民喜欢自己种蔬菜。农民通过将自己的田地分割成一片片种植园而盈利颇丰,带来的收益远超种植常规作物。

瓦伦西亚盛产粮食,而餐馆对当地出产的粮食需求旺盛。农学家谢尔盖·埃斯克里巴诺研究的就是瓦伦西亚农业区的粮食政策。(图4-5)利用自己的磨坊实验室,他为瓦伦西亚城

图4-5 瓦伦西亚奥尔塔的终身农民：埃内斯托·马里·扎佐

图片来源：杰森·雷布兰多

市农产品政策的发展出谋划策。也许这片农田的未来取决于高价值作物，而不是类似土豆和洋葱这样的商品蔬菜。

　　我们完全可以认为，瓦伦西亚城市周围农田的未来，取决于这间磨坊实验室。这间磨坊工作室也是一个公共工作空间，它建在一间翻新过的15世纪磨坊里。在翻新过程中，发现了支撑山墙的巨大木梁。制作木梁的树木是在詹姆斯一世控制该地区之后种下的。每一圈代表着水法庭年复一年的52次开庭。地里的作物可能会发生变化，但是水法庭一直延续到了现在。

在磨坊实验室的正前方，拉斯坎亚区的运河浇灌着一片片卷心菜菜地。一块名叫小标签的石头将运河分流。这是保留到现在为数不多的几块标签石。虽然现在的运河河道由混凝土浇筑而成，但这些石头还留在原地，它的功能从13世纪起就没有发生过变化。

4.3 一个故事

在2010年，水法庭和来自瓦伦西亚大学的吉尔莫·帕劳（Guillermo Palau）和托马斯·格利克（Thomas Glick），希望表彰奥斯特罗姆对于公共资源的研究，打算向她颁发一个纪念水法庭成立千年的勋章。格利克在一次谈话中表示："奥斯特罗姆对我影响最大的是，她对于灌溉系统的理论研究工作和瓦伦西亚的实际情况的完美契合。"

奥斯特罗姆原本计划在2012年前往瓦伦西亚接受表彰。不幸的是，奥斯特罗姆在出发前3个月去世。在接下来的7年里，这枚勋章静静地躺在水法庭的办公室里。

　　2019年7月，为了撰写本章内容，我和摄影师杰森·雷布兰多前往瓦伦西亚，采访当地农民、学者和代表并摄影留念。卡莱斯·桑奇斯·伊博尔和帕劳告诉我有关勋章的事情，问我能否将勋章带回印第安纳大学的奥斯特罗姆工坊。我在同年夏天，参加了印第安纳大学的一次会议。

　　所以，在参观了一次水法庭周四公开听证会之后（当天没有案件），我在办公室里见到了各位代表。我代表奥斯特罗姆工坊接收了这枚勋章和一本关于水法庭历史的书。在这枚银质勋章上可以看到水法庭的标志。这些标志包括水法庭管辖的八条运河和拉起运河闸门的钩子。我带着这枚勋章参加了会议，将它放在奥斯特罗姆所获的诺贝尔奖章旁边。水法庭勋章和关于水法庭的历史书和奥斯特罗姆的其他档案都保存在印第安纳大学的丽莱图书馆。

　　对于瓦伦西亚的农田来说，过去与现实的距离并不遥远。使用灌溉系统的社区根植于传统，在必要的时候也不会拒绝改变。这些位于城市周围的农田之所以能够延续到尽头，就是因为自身的适应能力。这种适应能力部分源自自我管理和冲突解决机制。几乎所有那些历久弥新的管理系统，都拥有这样的特征。瓦伦西亚的灌溉社区持续为世界各地的资源管理人员提供灵感。

5

CHAPTER

第五章
森林联合管理机构

⊙⊷⊱⊱○

也许是受到了所谓"回归土地"运动的启发，也有可能是这项运动的推动，一些社区在印第安纳州发现了不少肥沃的土地。宗教领袖约翰·拉普带着自己的信徒，从德国搬到了匹兹堡，最后在1815年来到了印第安纳州的新哈莫尼。虽然这个"和谐派"社区不过维持了十年，但新哈莫尼今天已经是艺术和精神复苏的中心。"和谐派"信徒用树篱迷宫表现了自己的心灵之旅，而今天的游客依然可以漫步其中。

到了20世纪70年代，在印第安纳州布卢明顿附近绿意盎然的山岳间又出现了一批理念团体。这些团体就像是曾经的那些"和谐派"社区团体，都是由富有魅力的宗教领袖建立的。而诸如五月溪农场这样的组织，则是由致力于用富有意义的方式与大地建立联系的年轻人创建而成。

莎拉·斯蒂芬（Sara Steffey）说："我当时准备去加利福尼亚。"她是五月溪农场的创始人之一。但是，一位朋友建议她在家乡印第安纳州建立一个理念社群。莎拉和她的丈夫迈克尔考虑了这个主意。她赞同这个提议，但提出"选址必须靠近布卢明顿。"这里是印第安纳大学的所在地。她希望不仅可以和大地以及周围的社群成员建立联系，也能和大学城的艺术家与学者保持沟通。没过多久，莎拉、迈克尔和大约二十位朋友买下了位于布卢明顿南部的几百英亩阔叶林。五月溪从石灰岩山本中穿流而过，这片农场也因此得名。

经历了近乎半个世纪之后，五月溪农场依然生机勃勃。这里的一些居民自称为"溪流客"，但其中一些人已经选择了全新的生活方式。但还是有第二代，甚至是第三代溪流客选择回应大地和社群的呼唤。随着时间的推移，有些事情发生了变化。在原先临时厨房和圆顶帐篷的位置上，建起了永久性住房。就像是瓦尔登湖畔的索罗那样，溪流客选择自给自足，利用土地种植作物，满足自己的需求。但是，他们和索罗一样，在城里找到了工作。（图5-1）

迈克尔（Michael）是印第安纳大学的树艺专家，维护糖枫树、山核桃以及其他阔叶林树木的健康。而莎拉则成了教师和艺术家。

五月溪农场的森林也发生了变化。在20世纪早期，农民将五月溪周围平地的森林改成了草场。这些草场荒废了很久，红雪松树在印第安纳南部的阳光下苗壮成长。这些红雪松树在溪流客心中有特殊的位置。鹅掌楸和糖枫树的高度最终会超过红雪松树。在其他树的阴影下，红雪松树必死无疑。在溪谷林地中随处可见死去的红雪松树。

五月溪的森林地属于是溪流客社群用的土地，这也是一种森林公共资源。整个社群针对森林资源的使用，建立了正式规

图5-1　莎拉·斯蒂芬和丈夫迈克尔在1976年帮助建立了位于五月溪的意向社区（他们现在还住在那里）

图片来源：杰森·雷布兰多

主理
自治
埃莉诺·奥斯特罗姆关于公共资源管理的见解

定和非正式行为规范。在一开始的时候，大家更倾向于主动式的森林管理，其中包括可持续性地伐木，以保证社区的木材需求，为森林保护提供空间。社区成员可以用倒下的树木作为柴火。社区禁止用枪打猎，但可以用弓箭打猎，特别是对于削减不断增长的鹿群规模这一点，社区并没有设置太多限制。

在20世纪90年代，埃莉诺·奥斯特罗姆将注意力放在世界各地的森林公共资源上，其中就包括她自己后院的森林公共资源。位于印第安纳州南部的五月溪农场和其他四个意向社区，为研究社群森林管理提供了天然的实验室。

●　　　　●　　　　●

1985年的一场关于公共资源管理的会议，为奥斯特罗姆对森林公共资源的研究埋下了伏笔。她的两位学生，罗纳德·奥克森（Ronald Oakerson）和詹姆斯·汤普森（James Thompson）参加了国家研究委员会的公共资源管理小组。罗纳德·奥克森和詹姆斯·汤普森建议邀请奥斯特罗姆加入该委员会。奥斯特罗姆在这里所做的研究和遇到的人对她接下来的研究造成了不可磨灭的影响。杜克大学的政治学家玛格丽特·麦基恩（Margaret McKean）对我说："很少有人知道，这些事情会对她造成多么大的影响。"

1982年，就在奥斯特罗姆再次研究洛杉矶地下水问题的时候，麦基恩发表了一篇关于日本传统公用地的文章。今天，日本给人的印象是东京的霓虹灯、寿司吧和快速列车。但是，日本大部分地区还是山区和农村。从日本的历史角度来讲，偏远农村独立管理自己的公用地。这里的公共资源包括森林、草地、采石场和其他资源。麦基恩对于日本公共资源的研究，影响了奥斯特罗姆的思路。

麦基恩将自己对于日本山地公共资源的研究，打造成对加洛特·哈丁"公共资源的悲剧"的反驳。麦基恩写道："对社会而言，当前的挑战在于如何避免理智的个体作出的决定，最终导致公共资源的悲剧，重点在于如何让私人利益和公共利益产生尽可能大的交集。"她提出了几个解决方案，其中包括公共资源私有化（以此避免发生悲剧），建立社区公德，以社区为单位，对大块公共资源进行分割。

麦基恩提出，第四个选项是建立一套所有资源使用者都认可的规定和处罚体系。在下面的文章中，就可以看出麦基恩对奥斯特罗姆《管理共用资源》一书的影响。

我们当时需要弄明白的是，如何制定规定和处罚规范。这可不是单纯地对资源所有者们提出行为规范，并剥夺违规人员的某些权利。其中可能有些规定无法奏效，但在处理违规人员方面，不同级别的强制规定肯定会有不同的效果。我们不应该局限于通过数字和理论的角度对公共资源进行研究，而是应该收集更多的信息，然后设计可行、有效或者可用的规定。一项鲜有人触及的研究工作，就是研究公共资源管理方面的悲剧，收集成功案例（比如避免公共资源管理的悲剧，或者对于"免费索取"问题的解决方案），通过分析这些案例得出有助于成功的要素。毕竟，对于人类和社会而言，真正的成功远比停留在纸面的方案更有说服力。我们需要收集失败的案例，其既可以帮助我们分析成功案例，也可以提醒我们人类和社会的极限。

在1985年公共资源管理会议上，麦基恩提出了自己对于日本山区公共资源管理方面的见解。正如麦基恩在自己早期论文中所呼吁的那样，大会将各个专业的学者召集到一起，寻找公共资源管理的成功案例。大会发起人丹尼尔·布罗姆利要求小组成员"至少找到三个成功或者失败的公共资源管理案例。"参会人员分享了世界各地农业、渔业、水利、林业和其他资源的案例。

麦基恩也分享了自己了解的成功和失败的案例，第一个案例就是日本农村公用地管理。农村中常见的公共资源包括做屋顶的茅草、动物饲料以及做家具和充当燃料的木头。村民根据当地的规定，可以从公用地获取这些物资。但是，有些公共资源却处于集体的直接控制之下。这些公共资源包括稻田和果园，它们都可以为全村带来收入。对于分割使用的公共资源，个人可以控制小片自用地。举例来说，村民可使用一座现代社区花园中的一小块地，但没有这块地的所有权。有些村民将公用地的使用权，出租给包括林业公司在内的私企。麦基恩在富士山周围的村庄进行调研，公共资源与农村生活的结合延续到了"二战"之后。虽然这种情况还在继续，农村公共资源的经济重要性在近年来却不断下降。

麦基恩写道，日本农村社会非常看重集体责任。"大家对周围的一切都非常关心。"但是，当社会压力无法阻止个人破坏公共资源的时候，村中还有其他手段实行规定。农村聘用年轻人在公用地巡逻。巡逻人员可能要求违规人员支付现金和一瓶清酒作为惩罚。对于更为严重的罪行，巡逻队可以没收违规人员的马匹、设备和他们收集的资源。只有当他们正式道歉，才能拿回自己的马匹和设备，有时候甚至需要带上家人一起去道歉才行。

麦基恩根据对日本山地公用地的深入研究，得出了若干结论。第一，相关规定必须与公共资源的可持续性保持紧密联系。第二，相关规定必须对所有资源使用者一视同仁。第三，必须建立明确的处罚规定，而且要有力地执行。第四，一个分级处罚系统应当能快速处理惯犯。麦凯恩指出，村民建立并有效执行了一套公用地的管理办法。她认为，"不必通过强制或者外部因素执行对公共资源的管理。"

与哈丁的观点恰恰相反，日本山村村民并没有陷入困境，也没有过度使用自己的公共资源。

奥斯特罗姆聆听了麦基恩的报告和其他人的观点。奥斯特罗姆在这次大会中的职责，是总结各类案例，提出总结性发言。她总结了各位同行的发言，并写道："很多看起来并无关联的资源系统，在过去有无数与之相关的术语，但它们都具有公共资源系统的核心特质。"为了研究这些系统，我们需要对它们进行分类。但是，奥斯特罗姆警告与会者，"不要让表达共同性的术语蒙蔽双眼，因为同一类的东西也是存在不同点的。"参会者提出的所有案例都有一个共同点，即规定和文化规范。由于资源、社群和时间的不同，规则和文化规范也存在不同。社群成员依靠这些规定和规范，快速而有效地完成小组项目。"没有了文化规范和规则体系，由个体组成的团体不得不仰仗短期合约完成所有任务。今天，他们可能需要达成一致，组成一个小队去打猎。明天，他们又要达成一致盖房子。"规矩和规范是管理社群生活的快车道。公共资源和开放资源之间的区别就在于这些规定和规范，哈丁和其他许多学者都没有认清这一点。开放资源无法排斥使用者。但对于公共资源而言，社群可以制定并执行规定，将某些使用者排除在外。奥斯特罗姆在总结发言中提道："开放式管理可能导致一些令人不愉快的结果。而公用财产管理办法，则有可能帮助个人管理公共资源。"

"在会上讨论过的成功案例，已经证明一些公用财产管理体系运转表现良好……从另一个方面来说，有充分的证据表明，有很多公共资源系统管理并不成功。大型渔业已经消失。传统的草场已经变成沙漠。灌溉系统疏于管理。"分析公共资源管理的成败，需要研究规定和规范与公共资源之间的匹配度。

奥斯特罗姆和麦基恩在1985年的大会上第一次见面。但是，她们很快就发现彼此在公共自然资源研究方面的共同兴趣。在接下来的二十年里，麦基恩和奥斯特罗姆保持合作。麦基恩在日本的研究成果，极大地影响了奥斯特罗姆在1990年的《公共事物的治理之道》一书中所提出的八大设计原则。几年之后，她们开展了一项名为国际林业资源和机构的计划，这是一个关于林业资源的全新研究。

●　　　○　　　●

古雅的山村和村中的公用物资构起了一幅田园景象。这可能会让人以为这些公用物资属于另一个时空，就好像是托尔金（Tolkien）的著作《指环王》中霍比特的家乡。奥斯特罗姆在2003年的一次采访中说："很多人认为，公共资源的问题就是过去各个社群自行管理公共资源。他们给这些社群加上了一种异国风情或者无政府主义的光环。"

但是，奥斯特罗姆很快就注意到，"公共资源并非往昔的遗物。"对于当今世界来说，公共资源是一种必要的管理形式。奥斯特罗姆说："对于那些怀疑公共资源管理机构在当下时代的重要性的人，我必须指出，这些机构一直保留到了今天，而且还在不断发展，而且它们并不局限于自然资源领域。"

许多社群都管理着森林资源，而且这绝对不是出于偶然。

世界各地的社群有意识地将森林作为一种公共资源进行管理，因为在适当的情况下，可以带来其他产权体制无法带来的优势。但是，森林并不是奥斯特罗姆在1990年所著的《公共事物的治理之道》的关注重点。

在政治理论政策分析工坊里，奥斯特罗姆和同事们因为对于公共资源具有开创性的分析而声名鹊起。在20世纪80年代，他们建立了一套涵盖世界水资源管理和灌溉体系的数据库，其中包含洛杉矶、瓦伦西亚、菲律宾和尼泊尔。和其他研究经济和政治科学的同僚不同，奥斯特罗姆的团队进行了大量实地调研。在2003年的一次采访中，奥斯特罗姆说："为了了解各地设立的规定，各个组织如何根据资源的生物和物理特性而运作，以及资源使用者的文化水平，你只有进行实地调研。"

他们研究水资源管理组织的独特方法——正式规定和非正式习惯——引起了联合国粮农组织的注意。玛丽莲·霍斯金斯（Marilyn Hoskins）当时负责联合国粮农组织的林业、树木和人口项目。霍斯金斯在2012年的一部纪录片中说道："我们当时试图弄明白，为什么有些社群可以有效管理森林资源并从中获利，而其他地方的森林却不断退化。我们无法从文献中找到答案。所以，我们找到奥斯特罗姆，因为她就在研究公共资源管理。"

霍斯金斯发现，在《公共事物的治理之道》一书中，包含渔业、灌溉和高山草场在内的多种公共资源，但和森林有关的内容，只有麦基恩关于日本山区公用地的研究。"我们问她，能否帮助我们着手研究和森林有关的问题。"换言之，奥斯特罗姆能否帮助联合国粮农组织研究森林管理？

20世纪80年代，国际社会开始关注热带雨林退化。联合国粮农组织帮助各个国家统计森林资源。卫星图像的广泛运用可以追踪森林退化。研究站通过共享数据，可以了解气候变化和污染如何影响森林的长期健康状况。对于世界森林的生态状况的研究取得了不小的进展。但是，这些科学研究中真正缺位的元素，正是人类自己。

居住在森林社群中的人仰仗森林提供必要的生存资源。他们自己决定如何利用森林资源。而这些决定都受制于社群中管理森林的组织的指导。

霍斯金斯和联合国粮农组织派遣麦基恩和其他几位同事，前往印第安纳大学拜会奥斯特罗姆和她的团队。他们讨论了如何成立一个研究项目，研究世界各地的森林公共资源和相关管理机构。这次会面成果颇丰，国际林业资源和机构计划依靠国际粮农组织提供的资金，于1993年开始运作。

国际林业资源和机构计划（IFRI）一开始由奥斯特罗姆领导，后期由密歇根大学阿伦·阿格拉瓦尔（Arun Agrawal）教授负责，项目团队调研了北美、南美、非洲和亚洲总计18个国家内的500多处森林。IFRI项目与众不同且具有开创性的原因是，它使用了一种标准化的数据收集手段来收集信息。来自世界各地的学者齐聚印第安纳大学和密歇根大学，学习IFRI项目使用的各种技巧。研究者们因此可以对比世界各地森林的管理规定。

在为期20年的时间里，世界各地的研究站系统性地分析一种公共资源，这是前所未有的。从自然资源角度和社会科学角度来说，这也是极其富有革命性的。从更宽泛的角度来说，IFRI项目回应了麦基恩十年前的呼吁，即"研究者应当收集成功案例（比如避免公共资源管理的悲剧，或者对于'免费索取'问题的解决方案），通过分析这些案例得出通向成功的要素。" 国际林业资源和机构计划没有研究渔业、农业和其他公共资源，而是专注于研究森林公共资源。这个计划已经从研究大量单一案例，演变成一个可以形成更为广泛的结论的、系统化的大规模国际项目。

国际林业资源和机构计划并没有局限于监控森林的生态状态。这个计划是用来测试基于奥斯特罗姆关于制度分析和发展框架的理论的。这个理论认为，人们在一定环境下做出的决定是基于各种相互作用因素的影响，而这些因素相互作用的原理存在一定的条理性。这些因素包含经济学家所关注的优点和成本，还有人与人之间的互动，管理资源的规则和生态环境。奥斯特罗姆和她的同事对于社群为了管理森林公共资源而形成的成文和不成文的规定，也就是她所谓的制度——很感兴趣。

世界各地的科学家和学生来到布卢明顿，学习奥斯特罗姆和她的同事为国际林业资源和机构计划研发的标准化评估工具。布卢明顿郊外的五月溪农场，是向同僚传授如何使用IFRI计划工具和收集数据的绝佳去处。

1996年，IFRI计划第一组研究人员来到五月溪农场，此时距离农场成立已经过去了20年。在这20年的时间里，五月溪农场和森林都发生了不少变化，包括这个社群关于内部管理和森林管理的成文和不成文的规定，研究小组在森林中进行多次调研，最后一次是在2009年。（图5-2）

5.1 保护帝王蝶越冬栖息地

帝王蝶是昆虫界的远距离迁徙能手。到了秋天，这些看似脆弱的黑橙两色的小家伙从美国和加拿大启程，向南迁徙飞往墨西哥。几百万只帝王蝶聚集在墨西哥米却肯州的冷杉树上。有些蝴蝶飞行了4000千米，只为来到这片森林越冬。

但是，并非只有帝王蝶依靠米却肯州的森林越冬。人类已经在这里居住了很久。山地和森林为他们提供了柴火、原木、动物饲料和其他必要物资。20世纪70年代，科学家一路追踪蝴蝶，找到了它们的越冬地，而当地人早在这之前，就在欢迎蝴蝶的到来。

但在20世纪早期，当地人加大了森林开发力度。原住民和村民都依靠土地维持自己的生活。1986年，墨西哥政府成立了帝王蝶生态保护区。和其他公园一样，这种自上而下的强制规定，自然而然地将当地人排除在森林之外。但是，保护区的边界设计却非常糟糕。对森林的非法采伐还在继续。曾经由社群管理的公用地，现在变成了非法开放地。政府在2000年改进了边界和管理规定，赋予当地社群在缓冲区继续采伐的权利。

国际林业资源和机构计划的工作人员，评估了两个山地社群在管理森林办法中的不同之处。其中一个社群开发了森林蝴蝶旅游业。森林到村庄的距离很远，所以盗伐成本很高。因此，此处森林的状态非常好。但是，另一个村庄却因为森林管理而焦头烂额。虽然这个村子试图保护森林，但地区政府和执法部门却经常与盗伐分子联合。这个村子距离森林不远，这更加加剧了盗伐活动。这个社群内部严密的组织和规则无法抵御外部的盗伐势力。

帝王蝶保护区的处境依然岌岌可危。从1999年到2013年，核心保护区损失了7%的森林。这主要是因为大规模的非法盗伐。在2020年2月，当局找到了被害的保护区经理和一名导游的尸体。当地社群成员为了对抗盗伐，付出了生命的代价。

图5-2　五月溪农场的溪流（这是奥斯特罗姆和她的研究团队研究森林治理的重要研究对象之一）

图片来源：杰森·雷布兰多

　　1976年，当县政府将这片土地的状态改为计划开发项目之后，这场关于社区生活的实验就开始了。社区成员首先建成了一座社区厨房，一年之后建成了一栋社区建筑。但是，社区中有些人能保有更多的隐私。自从1980年一场大火摧毁了社区建筑之后，溪流客们开始建造属于自己的房子。但是，五月溪农场并没有掌握这片土地的所有权。他们还要向土地所有者缴纳费用。当土地所有者在1985年去世之后，五月溪农场作为一家小型公司，取得了当地一家银行的贷款。五月溪农场公司，将三分之一的土地进行进一步细分。曾经的溪流客作为五月溪农场的股东获得了贷款，现在可以建造属于自己的现代化房屋。

　　年轻的理想主义者们对于法律和金融的深入了解，让他们可以实现自己的计划。他们利用和计划开发项目有关的法律，以及对银行系统的了解，建立了一个自我管理的社区。然后，社区设定独立的规定，其中就包括对公用林地的管理办法。

　　溪流客秉承着对森林资源使用办法的共识，继续实行自己的计划。而在这套共识之中，最重要的一点是互相尊重和信任。但是，当社区成员决定居住在自己的土地上，分享森林公用地之后，情况就变得复杂了。所以，他们在1982年建立了一套关于森林和其他社区资源的更为正式的规定和细则。

　　溪流客们响应"回归土地"运动，非常重视保护自然资源。当他们来到五月溪的时候，这里的自然环境并不理想。为了满足农业和伐木业的需求，这里的土地几十年前就已经被整理了一番。到了20世纪70年代，曾经的草场现在长满了由喜好阳光的红杉和白杨组成的速成林。在其他地方，曾经为了伐木而被扫荡一空的山坡，现在长满了橡树和山核桃。而在这些树的树荫之下，则长有耐阴凉的枫树和山毛榉。如果没有风暴或者伐木的影响，这些树早晚会压制橡树，成为森林中的主要树种。而这种从先锋物种[①]到完整森林的演化，

[①]　一个生态学概念，指的是一个生态群落的演替早期阶段或演替中期阶段的物种。——编者注

还在继续进行中。在2009年，国际林业资源和机构计划评估了五月溪的森林，认为这片森林"非常完整"。换言之，这里的植被非常拥挤。树木为了养分和阳光互相竞争，以至于影响了植被的生长。由于没有自然干扰或者积极的林地管理，这片森林无法实现其木材潜力，但适合野生动物生存和人类观光娱乐。

溪流客利用正式规定，限制了人们对森林的开发。他们经常修订这些规定，以体现社区不断变化的价值观。虽然溪流客重视环境保护，但也认识到了了森林原木的经济价值。在社区发展的早期，有些人认为森林原木采伐可以提供急需的资金。但是，当溪流客们在城里找到了工作，也就不急于通过伐木来换取资金了。在1987年，章程规定"如果没有议会许可，不得砍伐或者售卖木材"。这条规定不仅适用于社区领导，也适用于独立家庭用地。在2004年，管理会将这条规定改为"不得在社区范围内砍伐和售卖木材"。但对于独立家庭用地的树木，章程规定"如有必要，可以进行砍伐或者整理"。没有一位溪流客完全清理了自家土地上的树木，并移植郊区特有的草坪地皮。但这种变化体现出了社区成员从早期的公用思想向着注重私产的转变。

虽然溪流客拥有了管理自家土地上森林的自治权，他们依然参与了社区建设活动。社区保留了一大片草地作为游乐场，挖出一个池塘用于钓鱼和游泳，还专门开辟了一片社区野餐区和火坑。五月溪农场将接近1.3平方千米的社区公用林地，划归入印第安纳州自然资源森林分类计划。在这个计划的体系之下，溪流客不会将社区的领地用于未来的发展。与之相对应的是，州政府提供财产税减免，林业专家和生物学家提供技术支持，并为社区提供更多的机会。

国际林业资源和机构计划的所有团队，都使用了奥斯特罗姆所开发的名为制度分析和发展框架的分析工具。这套分析工具有助于描述一个社区如何利用规定管理公共资源。20多年来，奥斯特罗姆和她的同事在使用这套工具的同时，坚持不断地进行改进。但是，国际林业资源和机构计划，特别是对五月溪农场的研究，显示出这套工具依然缺乏一些要素。它没有将人的价值观纳入其中。国际林业资源和机构计划在2009年在分析五月溪农场的时候，将人的价值观纳入考量。

作为一个理念社区，五月溪农场是由一群拥有共同价值观的人开发建设而成。但是，人是会变的，不断有人离开这个团体，同时又有新人加入，而这个团体的价值观也会随着时间的推移发生变化。国际林业资源和机构计划的团队发现，这些价值观的变化，为研究公用林地管理原则的变化提供了关键信息。

奥斯特罗姆对于管理公共资源的八大原则之一，就是明确物理层面和社交层面的边界。五月溪农场的实际面积边界在财产记录中有明确的记录。但是，只有五月溪农场的成员才能界定这里的社交边界。五月溪农场的居民只有认购了五月溪农场公司的股票，才能成为这里的正式成员。地皮购买者的配偶也自动成为这里的成员。小孩子没有投票权，但是对于成员的成年后代的投票权却一直没有明确的定义。按照正规渠道来说，新的居民通过购买股票成为这里的新成员。但在当地居民看来，新成员必须展示自己对社区价值观的认可。有些居民从五月溪成员手中租房，这些租客没有投票权，但是他们必须遵守社区的规定。当他们卖出五月溪农产公司股票时，就算退出社区。社区鼓励新居民参加议会会议和社交活动。如此一来，潜在的新居民和社区成员就可以相互交流。如果社区并不喜欢新居民，那么就保留出售股票的权力。（图5-3）

社区的规定允许溪流客的朋友，在得到允许的前提下，可以徒步穿越社区林地。溪流客和自己的朋友也可以从个人的土地上采集白毛茛、西洋参和羊肚菌。但是，社区禁止在公用林地中采集植物和菌类。社区成员已经发现证据，证明有外来盗猎分子进入社区林地盗采植物，甚至盗猎野鹿。

在最初的25年里，五月溪农场社区按照全体一致意见进行管理。当需要做出重大决定时，他们就会采用不记名投票的方式。这种投票方式需要征求大量的意见，同时还会阻碍制定重大决策。如果一名成员固执己见，就有可能让整个流程偏离主题。因此，在2003年，溪流客们调整了细则，对大多数事物的

图5-3　南希·雷森（Nancy Lethem）和她的女儿和外孙（她是五月溪农场的创始人之一，一家三代人都住在五月溪农场）

图片来源：杰森·雷布兰多

决策采取少数服从多数的原则。但是法律事务仍然需要全体一致通过。少数服从多数的表决系统简化了决策制定。这种改变让社区可以更灵活地处置突发事件。但是，这降低了社区中人们的归属感。一些溪流客认为，因为这些新规定，其他的选择并没有得到充分地考量。当社区考虑安装市政管道的时候，一些居民建议使用储水箱供水系统。尽管有两名社区成员反对，大多数成员还是同意铺设水管。

国际林业资源和机构计划的研究组写道："如果制定决策时，社区内少数人的提议长期遭到否决，所有规则都由大多数人决定，那么全体一致原则对社区成员的重要性仍有待观察。"

虽然在为某些实际事务投票时，社区成员还会发生争执，但是大家仍旧可以保持团结。大多数溪流客还住在五月溪农场。他们的孩子已经长大，建立了自己的家园。他们从城里退休，但还有自己的社区好友和热爱的森林。这些年长的居民有了更多的闲暇时间，可以和朋友在林中散步，或者在池塘边点起篝火。但是，在五月溪农场不是只有美好的时光，也存在纠纷。但是，那些在20世纪70年代将这些人聚到一起的价值观——比如森林保护——依然将溪流客们团结在一起。（图5-4）

图5-4　迈克尔·斯蒂芬（Michael Steffey）坐在池塘附近的游廊下
（这是五月溪农场成员建造的众多建筑之一，当气候暖和的时候，社
区成员也会在此开会）

图片来源：杰森·雷布兰多

●　　　●　　　●

　　有句格言说得好："没人会洗租来的车。"人们养护自己的东西，并为之投资。正常人不会去洗一辆不属于自己的车。这个概念也可以用于公共资源。如果一个人并没有掌握公用物资的所有权，那么就不太可能保护公共资源。人们可能会过度使用公共资源，因为他们可能随时会被公共资源的实际所有人踢出局。

　　这是对于社区公用林地的传统认知。2010年，奥斯特罗姆在一次采访中说："很多人第一次看到这些研究结果……都会说'如果他们有机会，就会把所有的树砍光。'拥有这样的权力，并不代表着你要把整片森林砍倒。但如果你没有这些权力，那么为什么要保护这一切呢？"

但是，所有权是非常复杂的东西。对于一块公用地，个人"拥有"这种资源的方式和一个人在美国拥有一辆车是完全不同的。在一块公用地上，人们有权使用这种资源，其中包括进入这片区域和在这里收集某种材料的权力——比如柴火。这些权力可能是季节性的，也可能是属于一家人，而不是某个人的。在一块公用地上的权利甚至可能继承给下一代人。社会科学家用"保有权"一词来形容这些权力的强大。

而所有权的缺失有时候也被解释为森林退化的原因之一，这在热带雨林地区尤为明显。而最常见的补救形式就是以私有财产的方式提供保有权。但是，国际林业资源和机构计划证明，事实并非一直如此。国际林业资源和机构计划的负责人们这样写道："通过这些研究，得到的一个主要结论就是，相较于教科书中对于自然资源政策所描写的内容，森林资源的使用者面对各种好处时，展现了很强的控制力。"社群成员不一定需要所有权，也可以拥有森林资源的使用权，但前提是这些权力必须非常稳固。

公共财产只是财产制度的形式之一，私有财产和公共所有权也是如此。国际林业资源和机构计划的成员之一，凯瑟琳·塔克认为：“财产制度直接导致了森林管理的成功与否。”研究结果显示，一系列的因素都对森林造成了影响，这其中包括森林的历史、生态环境、政治和经济活动，还有社群成员对于森林管理的经验。单纯地将森林私有化，可能导致多个所有者之间管理活动的不协调，或者导致整片森林被砍伐一空。公有的森林可能缺乏管理。当管理部门被私人企业控制之后，甚至可能导致森林的退化。和私有制或者公有制相比，公共财产制也有自己的优点。

那些成功管理森林公用地的社群（以及那些失败的社群）都设立了一些规定，而这些规定和奥斯特罗姆在自己书中突出的设计原则不谋而合。这些社群明确地标记了公用地的边界，制定了共享成果和均摊成本的规定，对违反规定的人实施分级处罚，在更大的组织之内还成立了规模更小的森林管理组织。

但是，奥斯特罗姆很快就发现，对于公用地的管理，不存在万能的解决方案。研究团队所研究的每一个森林社群，都有自己维护公用地的管理办法。在研究了来自几百片森林的数据和其他学者的研究成果之后，奥斯特罗姆确认了一系列对于成功管理森林公用地非常重要的因素。她将这些因素分为两类，一类对森林资源有效，另一类对资源使用者有效。只有在管理方法得到了提升的情况下，一片森林公用地才有可能延续下去。一片高度退化的森林，可能会因为管理成本过高而被放弃。一片可持续的森林公用地有多个可以体现自身状态的标志，而且能提供的产品数量也是可以预测的。如果人们对一小片森林非常了解，那么这片森林的状态就要好于面积更大的森林。虽然对于森林而言情况确实如此，但是其他资源在规模更大的情况下，状态也更好。举例来说，一条规模更大的运河，可以吸引更多人投入修建和维护作业。

维护森林的社群通常高度依赖森林维持自己的生计。不论森林是木材的来源，还是食物的来源，又或是为了保护森林，以及自己的行为对森林带来的影响，这些森林资源的使用者对于森林在自己社群中扮演的角色达成了共识。他们通常制定了长期的规划（生态学家称之为低折现率）。森林资源的使用者们相信彼此，相互合作，他们有权制定和实施关于如何使用和采集森林内资源的规定。最后，成功的社群鼓励成员发展组织和领导技能。

奥斯特罗姆注意到，这个罗列影响森林公用地的因素的清单过于冗长。她认为，其还有所欠缺。但是，对于管理森林公用地这样复杂的问题，很少有简单而正确的答案。

●　　●　　●

文森特·奥斯特罗姆非常尊重手工匠，他本人非常喜欢木工。当他和妻子搬到印第安纳州，文森特就师从当地的一位大师，学习木工手艺。他在布卢明顿找到了一位木工大师，学习如何将一段印第安纳州的硬木变成一款好看又实用的工艺品。

所以，当他们要在印第安纳大学建立研究中心的时候，文森特和奥斯特罗姆继承了木工工坊的理念，让师傅和学徒在一起工作。

文森特·奥斯特罗姆在2003年的一次采访中说："我们称之为'工坊'，是希望传达合作和工匠精神。同时和学生一起工作，使手头的工作概念化，并亲自处理问询工作。"

因此，这个工坊也是个理念团体，但是和五月溪农场有所不同。大多数学者围绕一个特定的话题或者技术，组建自己的研究中心或者实验室。但是，奥斯特罗姆夫妇以一种完全不同的方式建立了自己的工坊。他们和自己的同事拥有同一套价值观，敢于探究，相互尊重，信任彼此。

文森特对采访人员说："如果一群人因为共同的目标或者身份而聚在一起，那么肯定会有一套关于成员关系的共识。"文森特在此讨论的是各个调研点，但是他的观点也同样适用于自己的研究工坊。

国际林业资源和机构计划也并非特例。在奥斯特罗姆的领导下，研究人员来到印第安纳大学的研究工坊，和奥斯特罗姆和她的同事一起学习。虽然他们来自不同的国家，专业领域也不同，但他们有一个共同的目标——全面了解社群如何成功地独立管理森林公用地，并以此了解其他公共资源的管理。

印第安纳州的许多意向社区的领导者，都充满魅力，心怀理想。但是，这些团体大多昙花一现。类似于五月溪农场这种以共同的价值观和合作式治理为基础的社群，情况要好很多。奥斯特罗姆夫妇都颇有魅力，这其中以奥斯特罗姆尤为突出。几十年来，研究工坊坚持自己的社群价值观和共同目标。奥斯特罗姆夫妇先后于2012年去世，中间间隔不过几个星期。但是他们留给工坊的理念，将在新一代领导人的手中继续发展。

CHAPTER

6

第六章
气候公共资源

托尔斯泰的《安娜·卡列尼娜》一书的开头是这样写的："幸福的家庭都是相同的，不幸的家庭各有各的不幸。"而洛杉矶地下水、缅因龙虾工和瓦伦西亚灌溉运河的例子印证了托尔斯泰的名言。所有这些成功运用资源的社群在某种程度上，都体现了奥斯特罗姆的设计原则，从设立边界到规则制定不一而足。可持续的公共资源系统之间有很多共同点。

但是，每一个不可持续的公共资源都有自己独有的特点。在《公共事物的治理之道》一书中，奥斯特罗姆提到一些将其自己的公共资源消耗殆尽的社群。在这些案例中，至少缺乏一个（有时候不止一个）设计原则。奥斯特罗姆小心翼翼地指出，公共资源并非总是能够得到持续的管理。事实上，对于一种公共资源成功且长期的管理是一种期望，而不是规定。

地球的气候系统也有一些公共资源才有的特征。气候系统对于温室气体的吸收能力有限，说明它是一种可以被耗尽的资源。但是，你很难阻止工厂和汽车排放温室气体。二氧化碳可以在大气层内停留很久。而温室气体的积聚会保留热量，改变气候模式。

时至今日，我们还在见证气候变化造成的影响。美国西部和澳大利亚火灾频发。极地冰盖和冰川不断退化。随着海平面的上涨，从波士顿到缅因州的城市将被淹没。毫不夸张地说，所有社群都感受到了气候变化的影响。最新的美国国家气候评估报告中写道："随着温室气体排放达到历史新高，到21世纪末，某些领域的经济损失将以数千亿美元计，这个数值将超过好几个州的产值总和。"

格雷塔·通贝里（Greta Thunberg）这样的年轻人呼吁采取环保行动，也就不奇怪了。毕竟，他们这样的年轻人会继承这个世界。

未来总是有成为当下的习惯。20世纪90年代对于海平面上涨、森林大火和热浪的预言似乎离现在已经很远了。但是，这一切就是当下生活的一部分。当下世界各地的人正饱受气候变化带来的折磨。但是，我们可以试着减轻气候变化对人类生活造成的影响，但这要求我们必须合作。（图6-1）

如果气候系统是一种公共资源，那么奥斯特罗姆的设计原则和其他见解就有可能帮助我们管理气候系统。全球对于控制温室气体最近的成就是2015年的《巴黎协议》，其中就包含了很多奥斯特罗姆提出的设计原则。但是，这个协议非常脆弱，存在失败的可能。

本章将关注奥斯特罗姆的两项重点研究：多中心治理和强化行为预期。这完全取决于全球自觉限制温室气体排放，避免全球范围内的大悲剧。

图6-1　气候变化对人类健康和基础设施造成了影响

图片来源：埃里克·诺德曼

　　一些历史学家认为，曼哈顿计划是20世纪最伟大的科学成就之一。政府间气候变化专门委员会的工作可以被视作21世纪最伟大的科学成就。而这二者之间，不存在任何共同点。

　　美国政府给了曼哈顿计划的科学家们一项非常困难的任务：造一颗核弹，帮助同盟国赢得"二战"。这种自上而下的办法成功了。科学家们用几年时间就造好了核弹。但是科学家们很少按照明确的命令工作。这项工程完全在保密状态下完成。但这种科研方式是非常少见的。

通常来说，科学家会选定课题进行研究。一名科学家可能会就某一特定领域进行研究。举例来说，某人会研究数码技术如何影响幼儿园学童的学习，或者新的化肥配方是如何影响植物生长的。科学家也属于社群的成员。在论文发表之前，他们会参阅彼此的论文。他们相互学习，了解什么办法可行，什么办法不可行。科学家自己设定了行为规范。科学家彼此之间也在互相竞争，他们都想成为那个实现突破性研究的人（也许还能赢得诺贝尔奖）。他们在科学期刊上公布自己的发现，而他们的发现有可能被大众刊物登载。并不存在一个权力组织监督全球的科学界。在外人看来，这一切看起来非常混乱。但是，科学知识就来自这一团混乱之中。

科学家迈克尔·波兰尼（Michael Polanyi）将这种模糊称为"科学共和国"。在20世纪50年代，波兰尼研究了取得科学发现的过程。他发现这种混乱的过程实际上是，推动我们了解这个世界的"秘密配方"。波兰尼将这种草根办法称为"多中心性"，即一个社会系统有多个决策中心，每一个都有一定的独立性，但都接受一套共同的指导原则的领导。

环境变化是非常复杂的。其中不仅包括大气科学，还包含海洋学、物理、经济学、社会学、生态学，这几乎包含了所有的科学领域。在大学、政府实验室和由世界各地的智库进行的研究活动，刚好符合波兰尼的多中心性的定义。每一位研究人员，每一个实验室，都在为解决气候变化的谜题做出贡献。

但是，科学家只能在某个领域发表论文，所以很难看到全局。这就需要政府间气候变化专门委员会（IPCC）出场了。1988年，联合国成立了政府间气候变化专门委员会，用来指导和出版气候科学领域的定期评估。但是，这个委员会并不会指导科学研究。和曼哈顿计划的领导人不同，该委员会不会命令科学家去研究特定的课题。这些评估是为了说明我们对地球气候的了解程度，并说明还有些什么东西是我们所不了解的。政府间气候变化专门委员会所确定的知识盲区，可以为科学家和研究资助方指明方向。这个组织名称中的"政府间"三个字非常重要。虽然来自气候相关的各个领域的科学家共同构建了这门科学，但委员会的工作受到了各国政府的监督。各国政府必须在科学家做出的评估报告概述上签字。如此一来，政府间气候变化专门委员会保障了气候科学具备一定的组织性，也许比波兰尼提出的"科学共和国"更有组织性。

马丁·马霍尼（Martin Mahony）在一封电子邮件中对我说："无论如何，政府间气候变化专门委员会的实际运作符合多中心治理的定义。"马丁·马霍尼是英国东英吉利大学的人类地质学家。"各个科研团队都保持了一定的独立性，对从文献中收集到的信息做出反应，然后对当前各个专业的状态达成共识。"

多中心性成为奥斯特罗姆的"布卢明顿政治经济学派"的基石之一。事实证明，多中心性是管理全球气候共享区的重要工具。

奥斯特罗姆和来自工坊的同事迈克尔·麦金尼斯，于1992年开始研究气候公共资源。从各个方面来看，气候变化已经成为一个全球性的挑战，甚至纳入了国家安全。阿尔贡国家实验室为了应对气候变化，举行了一次研讨会，邀请社会学家来讨论"拟定政策中的优势和不足"。此时距离奥斯特罗姆出版自己的《公共事物的治理之道》一书已过还不到两年。研讨会的举办人明白，制度管理对于管理气候资源这样的全球公共资源是至关重要的。奥斯特罗姆作为公共资源管理的领军人物，被邀请提交一篇论文。

在1992年研讨会举行之前，政府间气候变化专门委员会刚刚开始运作，而在几个月后，里约热内卢将举行地球峰会。按照奥斯特罗姆的说法，对于一场签订全球协议的会谈，对温室气体排放"需要做出巨大改变"并"建立新制度以保证这些措施的执行。"奥斯特罗姆非常怀疑，这种自上而下的管理对于削减温室气体排放的实际效果。

她和麦金尼斯写道："根据当前对于通过国际协议解决问题的理解，意味着通过建立一套国际制度应对环境变化可能犯了根本性的错误。"

奥斯特罗姆在《公共事物的治理之道》一书中提及的地区资源其实很简单。作为一种全球公共资源，气候系统更为复杂。她认为，其中的区别在于，全球公共资源包含更多参与者。这些参与者将基于当地、地区和国际层面的制度而活动。换言之，在全球范围内实行一种"一刀切的治疗方案"远比要面对的"疾病"更可怕。

我们的世界很大，很复杂。这个世界的多样性——其中包括文化、政治、生态和其他方面的多样性——可能为应对危机的地区性解决方案提供了灵感。奥斯特罗姆和麦金尼斯写道："世界上有很多地区性公共资源，真正让这些脆弱的资源系统能够维持长期有效产出的是当地居民，不是各种制度。"对于一种全球性公共资源而言，使用者除了个人，还有政府、非政府组织和公司。地区性解决方案是否能够通过扩大规模来解决全球问题，涵盖各级资源使用者，这个问题直到今天都还有待观察。

因为，奥斯特罗姆和文森特将工作重点又放到了多中心性上。奥斯特罗姆和麦金尼斯写道："与其将各方利益和参与人员的多样性看作执行协议的障碍，真正的重点在于利用这种多样性，增强现有组织的活力。"与其单纯依靠政府来监控温室气体的排放，坚持各种限制指标，奥斯特罗姆和麦金尼斯认为，其实很多参与者都可以以自己的方式检测和坚持执行这些限制指标。这些参与者包括政府、非政府组织、企业和个人。气候变化需要的是一个联合的回应，而不是整齐划一的答案。

她们说："应当鼓励在各个层面展开讨论"，为各个团

体提供辩论的论坛，"达成共同的解决方案。"奥斯特罗姆将
《公共事物的治理之道》一书献给文森特，并说这是为了感谢
"他的爱和争论。"所以，当她和麦金尼斯鼓励讨论的时候，
她们希望的是一种针锋相对而又不失尊重的讨论。

　　麦金尼斯和奥斯特罗姆在1992年发表的论文，可能是最早
提出用多中心化的方法来应对气候管理问题的。虽然她们的观
点具有先见之明，但只是在会议报告中一笔带过，并没有引起
关注。在20世纪90年代剩下的时间和21世纪初，奥斯特罗姆将
自己的注意力转回到森林和其他自然公共资源上。与此同时，
世界领导人继续尝试就气候变化达成国际协定，使温室气体还
在大气层内聚集。奥斯特罗姆写道："因此，很多分析师认
为，一个可以执行的国际协议是唯一能够应对气候变化的解决
方案。"20年来，一个可以执行的国际协议依然无处可寻。

　　在接下来的几年里，奥斯特罗姆为世界银行撰写了几篇
关于经济发展和公共资源的报告。在撰写2010年《世界发展报
告》时，世界银行认为"气候变化是一种公共资源危机"。所
以，世界银行招募奥斯特罗姆，帮助他们了解她的理念如何用
于全球气候公共资源的管理上。奥斯特罗姆为世界银行撰写的
背景报告，为许多专注于管理气候公共资源的论文提供了灵
感，而她本人直到2012年去世都在研究这个问题。她关于多中
心气候治理的理念，继续影响着各路学者和政策制定者。

　　在阿尔贡国家实验室研讨会结束将近20年后，奥斯特罗

姆写道："考虑到这个问题的严重性，单纯地等待全球化的解决方案来解决这些问题，而非从多个层面尝试各种解决方案，无疑是不明智的……多中心化的优势在于它能够鼓励更多的人去做试验，开发出在特定场景中执行一个策略的收益和成本，以及可以将这些结果与在其他环境中获得的结果进行比较。"

奥斯特罗姆继续写道："我们通过大规模的研究可知，当个体充分了解了当前问题和其他相关人员的时候，就可以建立培养信任和达成谅解的环境，不需要外部权威的介入来施加规定，监督执行情况和执行处罚，就能完成成本高昂但非常积极的行动。"

对于像气候系统这样的全球公共资源，是不存在统一的外部权威来监督规则执行的。所以，各个国家必须负责。

当我们相约在布卢明顿的一家生意兴隆的咖啡店时，印第安纳大学法学教授丹尼尔·科尔（Daniel Cole）说："所有的国际法都必然是多中心化的，因为不存在全球政府来设计和执行这些法律。"科尔是研究工坊的成员，和奥斯特罗姆以及其他同事一道研究与法律、产权和公共资源有关的课题。

奥斯特罗姆一如既往地发出了一份警告，多中心化管理也并非完美。"自我管理的多中心化系统并不是万能药！对于类似于全球变暖这样的复杂问题，是不存在万能药的。"

在1992年的里约热内卢地球峰会上，全球气候政策开始进入快车道。包括乔治·布什（George Bush）总统在内的来自155个国家的高级代表，共同签署了《联合国气候变化框架公约》（UNFCCC），美国国会也批准了这份公约。正如这份文件的名字所说明的那样，这份公约为各国如何应对气候变化提供了一个框架或者构架。但是，这份公约并没有要求各国采取任何具体行动减少温室气体的排放。这为未来的谈判留下了余地。《联合国气候变化框架公约》呼吁所有缔约国每年召开一次缔约国会议，所有成员国可以讨论如何通过共同努力，将温室气体排放稳定在一个安全的级别。第一次缔约国会议于1995年举行。

缔约国会议通常由大量乏味的工作会议组成，中间夹杂着一些有重大突破的日子。其中一次重大突破发生在1997年，当时在日本京都举行了第三次缔约国会议。这次会议签订的《京都议定书》，那些富有的国家承诺减少温室气体排放。虽然比尔·克林顿总统签署了《京都议定书》，但从没有提交国会进行批准。因此，美国从没有加入《京都议定书》。美国，特别是美国国会，提出了两点反对意见。第一，国会不会从法律层面批准温室气体减排承诺。第二，《联合国气候变化框架公约》中提到的"共同但有区别的责任"，将参与国分成了两部分：富有的那些国家和其他国家。只有包括美国在内的富有国家，将以法律条文的形式推动温室气体减排。而一些国家则属于"其他国家"。这些国家不必从法律层面推动温室气体减排。美国认为这种区别赋予其一个竞争优势。而澳大利亚、加拿大、日本和俄罗斯等国，则在后来退出了公约。

但是，《京都议定书》是存在失效期限的。随着这个日期的临近，各方开始制定后续条约。美国国会依然反对从法律层面限制温室气体排放。但是，一个主动的协议——而非条约——是可以规避国会审核的。巴拉克·奥巴马总统代表美国签订了一份协议，同时没有做出任何明确的法律层面的承诺。在2015年的第21次缔约国会议上，参会各方制定出了《巴黎协定》。法学教授丹·科尔打趣道，整个《巴黎协定》的构架就是"全球各国聚在一起规避美国国会的大阴谋。因此，《巴黎协定》也有一个多中心结构。"

科尔说："巴黎会议的一切安排都是通过国家决定的捐款来运作的。"每个国家都主动承诺在一定程度上减少温室气体排放，这被称为国家自主贡献。这个国家承诺的贡献会与其他国家进行对比。如果一个国家承诺的贡献很少，那么其他国家就会对其施压，使之增加。各个国家都希望能遵守协定，实现自己的承诺。"除此之外，其中还有一个轮换机制，成员国应当每5年就提升一次贡献。"科尔说。

这种自愿的"承诺和审查"机制正是多中心化气候治理的

工作手段之一。这刚好符合奥斯特罗姆关于管理公共资源的理论。《巴黎协定》并不是一个具有法律约束力的适用于全球的国际条约，反而鼓励各国以及各国的城市、州和省，能够设定自己的目标，在自愿的基础上设计属于自己的策略。

自从《巴黎协定》签订之后，各国都提出了自己的减排承诺。举例来说，在奥巴马总统任期内，美国承诺在2025年将温室气体排放在2005年的排放量基础上降低26%～28%。不幸的是，当前各国承诺的减排量并不足以避免大灾难。如果没有进一步的计划，按照当前承诺的减排量，到21世纪末，全球气温将上升2.8℃。这远高于《巴黎协定》所提出的2℃的标准，这将使全球范围内的许多人口受到影响。国际社会很快就会明白，一个自主的多中心化解决方案将有助于实现减排目标。

● ● ●

就在国际社会达成历史性协议的时候，印第安纳大学的环境人类学专家杰西卡·O.赖利（Jessica O. Reilly）就在巴黎。在缔约国会议的准备阶段，她和学生们与美国国务院举行了几次电话会议。在和我的一次谈话中，赖利回忆，自己当时想了解美国政府的国际气候政策。"如果要在拯救世界的同时，还要消除不平等，我们该做点什么？有什么具体的政策？"她回忆道。奥巴马政府的目标则显得很平庸：向市场发出就可再生能源和气候适应性进行的信号。

在一开始的时候，赖利和学生们感到很失望。"我当时非常失望，我们政府的目标不过是发出市场信号。"

除非你是个经济学家，不然"一个清晰的市场信号"可不会让大多数人感到兴奋。但是，奥巴马政府用一种很务实的方式告诉世界，美国开始从化石燃料转型。这不是政府单方面的事情。一场成功的能源转型需要获得投资和私人领域的专业支持，需要专科学校和大学培训新兴领域的工人，需要倡导并监督各个团体，确保整个转型的公平，不让任何人掉队。

赖利说："我知道国家的谈判人员当时希望整个协定在确保有效性的同时，还有足够的说服力。所以，无论是谁，都可以在美国国内就《巴黎协定》展开合作。"奥巴马政府设立了一个明确的信号：未来应当是环保的。

2015年，为了庆祝签署《巴黎协定》，埃菲尔铁塔亮起了绿灯。但在一年之后，这种喜悦就变成了失望。在摩洛哥召开的22次缔约国会议上，代表们得知唐纳德·特朗普（Donald Trump）当选美国新任总统。这位总统的竞选承诺包括退出《巴黎协定》，撤销之前的气候变化政策。

赖利还记得那天早上摩洛哥会场的气氛。"我在竞选夜当晚坐飞机离开，起床的时候才知道竞选结果。"她说。"当时我对这个市场信号感到很开心。我当时想的是'我们总算是等到了这个市场信号！'而且我对于选择了多中心化表示非常庆幸。"不论新政府会干什么，未来依然是环保的。多中心化的

《巴黎协定》包含多个参与方，如政府、商界和游说团体。它将不会取决于单一国家的决定。

最起码全体美方代表对那位新总统的当选是毫无准备的。"各个代表团，特别是美国代表团，把自己锁在办公室里。在接下来的几天的时间里，没人能联系到他们，他们忙着联络华盛顿，讨论在接下来的会议日程中该采取什么策略。"赖利回忆道，"在这段时期里，我见证了民间团体的崛起。"

奥莱利说，特朗普的当选"全面催化了次国家治理方的参与。"城市、州和民间团体填补了美国本土在气候领导力的真空，"放大了来自宗教领袖、部落社区、州、城市和大学的声音。"

缔约国会议有点像贸易展会。国家、事业团体和非政府组织在展厅都有自己的展位。他们分发小册子，主持小规模研讨会。文化团体组织表演。这种节日般的环境和严肃的闭门会议形成了鲜明对比。

奥莱利"研究了联合国的结构，和这场对比强烈、堪比马戏团的商贸会，发现将所有人聚集在这片空间之内，才能让政府完成这场权力交接。并不是只有国家在做决定。"恰恰相反，这是一种权力移交，调整规模和测试新想法的方法。

"在我看来，这就是一种强有力，而且又有一定灵活性和韧性的气候治理案例。"这就是多中心治理的优势所在。虽然这很混乱，而且也不好看，但最有可能打造出一个可持续化的气候环境。

对于气候治理来说，美国退出《巴黎协定》是一个坏消息。但是，这也证明《巴黎协定》的多中心化结构是有可能抵挡这种冲击的。而这份协定的未来和气候环境，取决于各个国家、企业和民间团体是否能够填补退出国家的空白。

●　　　●　　　●

2019年12月，美国代表团在于马德里召开的第25次缔约国会议上保持低调。和英国、韩国和卢旺达不同，美国并没有在大会厅设立展位。但在幕后，美国和其他国家代表团一样活跃。一位美国代表告诉我："根据讨论的结果，美国参加第25次缔约国会议，是为了保证和其他国家处于平等位置，保护美国在经济、能源和环境方面的利益。"一些参与谈判退出《巴黎协定》的美国外交官，曾在2015年参与制订这份协定。外事工作要求你将个人党派放在一边，只代表当前政府。这可是一件难事。

在外交工具箱里，既有胡萝卜，也有大棒。第25次缔约国会议以胡萝卜为开端。计划目标是流行语。在2020年开始执行承诺减少排放量之前，缔约国会议领导人不断推动各国提高计划目标。第25次缔约国会议主席是来自智利的卡罗琳娜·施密特（Carolina Schmidt），她对记者说："这是一次为了行动而召开的缔约国会议。'开始行动'并非是句口号。这是一种需要和需求——道德需求、社会需求和经济需求——一种对转型的需求。我们需要合作才能成功。"

也是在同一场媒体发布会上，哥斯达黎加的代表洛雷娜·阿吉拉尔（Lorena Aguilar）发起了挑战。她的祖国作为全

"打败我们。"阿吉拉尔笑着说道。

这不过是打响了一场向着山顶冲刺的比赛的发令枪。正如社会学家迈克尔·波兰尼在20世纪50年代所说的那样，科学进步在过去靠的是以获得科学界声望为目标的竞争。各个国家是否会为成为第一个脱碳的国家而相互竞争？

帕特里夏·埃斯皮诺萨，是墨西哥环境部长兼《联合国气候变化框架公约》的执行秘书，她指出，在这场脱碳竞赛中，领先的并非只有哥斯达黎加。埃斯皮诺萨将60个参与2050碳中和竞赛的国家和地区称为"气候野心同盟"。她说："城市、地区、商界和投资方都接受了碳中和的目标。"换言之，这就

是多中心化。

在英国的展台上，官员们正在宣传英国全新的气候政策：2050年实现零排放。几天之后，欧盟官员公布了名为"绿色新政"的脱碳计划。主要经济体都在跟随哥斯达黎加的脚步，希望能在这场竞赛中取胜。

但是，美国却不为之所动。在缔约国会议召开前几周，特朗普政权正式提交文件，决定退出《巴黎协定》。《巴黎协定》中有明文规定退出协定的流程，而美国政府第一时间开始准备退出流程。一位美国国务院发言人在第25次缔约国会议上说："当总统宣布退出决定之后，我们就停止执行前任政府承诺的减排量。"实际上，特朗普政府早就停止执行任何气候政策。2018年，美国的碳排放量急速飙升。但是，"明确的市场信号"已经发了出去。公共事业开始加速淘汰不经济的燃煤电厂。在2019年，美国碳排放量再次下降，但具体数值还是远低于奥巴马时期承诺的减排量。

第25次缔约国会议主席卡罗琳娜·施密特试图让减排事业的发展看上去更加积极。她说："我们知道美国宣布退出《巴黎协定》。但是我们也知道，美国人民希望为减排而努力。当我们引入其他参与方的时候，就接纳了其他希望在2050年实现科学家所要求的碳中和的地区政府、区域性政府和公司。"

当然，第25次缔约国会议出现了一个"非正式美国展台"，发出了"我们没有退出"的信号。支撑起这个展台的是那些主动配合《巴黎协定》的美国城市、州、部落、公司和组织代表。这就展现了联邦制政府和《巴黎协定》所采用的多中心制的好处。一个多中心化的系统更为顽强。特朗普总统可能决定让美国退出协定，但是其他政府可以制定自己的气候政策。如纽约、西雅图和博尔德这样的美国城市，决定在2050年实现碳中和。微软和来福车（Lyft）这样的私企，也决定实现这个目标。但这只占了全美碳排放量中很少的一部分。

埃斯特罗姆估计，相较于自上而下的途径，一个多中心化的途径能更好地应对政策失败。她在2012年写道，"几十年来的研究证明，在城市、地方、国家和国际层面上相互重叠的政策，相较于独立而覆盖面广的协议，前者的成功率更高。如果一个或者多个政策没有成功，那么这种革命性的途径可以提供必要的保障。"

第25次缔约国会议需要这些参与方，以确保美国在某种非官方层面上仍加入《巴黎协定》。会议主席卡罗琳娜·施密特认为，人类不需要一个备用星球。"但是我们需要'备用'人口，'备用'商业，'备用'政府，继续推动我们在这次谈判中取得成果，扩大预定的减排量。"

如果没有美国的参与，《巴黎协定》很难将升温幅度控制在2℃以内。《巴黎协定》是以自愿为基础的。但是自愿不意味着没有后果。这次减排竞赛对于那些希望减少排放量的国家是有益的。而那些对此毫无兴趣的国家自然不会选择跟进这些减排目标。但是，气候变化对我们每个人的生活都造成了影响。气候运动领袖可以用这种整体性，说服那些不打算参与减排的参与方重新思考减排目标。领导人的工具箱里既有胡萝卜也有大棒。对于违反气候变化国际共识的人，必须面对随之而来的后果。

在一次全体会议上，西班牙生态转型部长说，"我们不能接受以任何形式退出《巴黎协定》。我们不能接受以任何形式对《巴黎协定》保持沉默"。这是对美国的所作所为作出的直接评价。她说："我认为这不限于缔约国会议的会场。因为一个以规则为基础的国际秩序正在接受挑战。为了应对全球范围内的挑战，我们需要的是多边主义和全球合作。我们必须保证这个复杂的系统，可以保证未来合作的可能……所以，请继续合作吧。让我们继续进步。与此同时，让我们认清是哪些人不愿意做出更多的贡献并铭记他们的耻辱。"

2010年，奥斯特罗姆在采访中说，"羞辱和褒奖"对于管理公共资源是非常重要的。"很多社群都研究出了许多巧妙的手段，保证大家都可以做出贡献，因为如果他们不这么做，就无处可藏。"

但是，有的时候点名和羞辱是不够的。"在国际环境下，唯一的强制机制就是贸易制裁。"

在第25次缔约国会议的第二周，预定减排指标被定得越来越少，代表们开始考虑如何用贸易制裁对付那些不听话的国家。举例来说，通过调整税制，就可以对不配合国家出口的产品征收进口税。相较于制定了减排目标的国家，征收进口税可以防止不配合的国家获得贸易优势，世贸组织作为国际贸易的指定方，认为这种办法具有可行性。它可以有效避免各个国家在一场关于环境保护的"下山比赛"中相互影响。剑桥大学气候法专家马库斯·格林认为，美国和英国之间的非正式贸易引发了抗议者的愤怒。根据泄露的文件显示，美方谈判人员说气候变化问题是"避雷针问题"，而且有法律禁止他们在贸易协议中讨论"温室气体"。在和我的讨论中，格林认为英国很难和美国达成贸易协定——在脱欧之后，这将是必要的——同时还能保证在21世纪中叶完成碳中和。

但是，格林也提到了另外几个着力点。我们在此以国家安全举例来说。每个国家都有义务保证自己公民的安全。对全世界的国家而言，气候变化威胁到了国家安全。就连美国国防部，都将气候变化当作"威胁倍增因素"。如果海军基地被淹没，如果风暴因为全球变暖而增强风力，那么就有可能摧毁战斗机，气候变化无疑会降低武装力量的备战水平。气候变化可能会引发冲突，而美军需要进行介入。格林在推特上写道："如果联合国安理会将气候变化当作未来的重大安全问题，那么北约是不是就应该加入《巴黎协定》？"这有可能进一步在美国与其贸易及安全合作伙伴之间制造隔阂。

　　在2009年，埃莉诺·奥斯特罗姆说：很多社会难题都可以冠以集体行动的名头，我在其中是个做出了贡献的好人，但与我合作的人却没有做出贡献，此时我就成了坏人。所以，按照之前的理论，你担心变成坏人，所以什么都不做。你会变得狭隘而自私。如果我相信其他人也会考虑别人，那么如果我所做的一切可以帮助别人，那么我们所有人都会越来越好！

　　这就是造成社会困境的原因。如果我们狭隘而自私，我们的结果会比我们关心公共利益要糟糕得多。但是，这种互相伤害的情况，必须想办法克服。我们必须采取制裁措施和其他机制，确保那些不值得信任以及不善于相信别人的人能够遵循互惠原则，让他们改变自己的行为方式，否则将被迫出局！因此，信任和互惠，是我们所研究的核心理论。

　　建立信任的方法之一就是监督和制裁，这样一来，那些不知道信任的人就会明白，自己的行为将令自己付出代价。你也许可以说服他们变得值得信任，因为他们正处于监督之下。因此，他们就可以紧密联系在一起。如果缺乏监督，那么这些不法之徒就可以逃之夭夭，如此一来其他人所采取的集体行动也会化为乌有。他们会非常生气。（图6-3）

图6-3　2019年马德里气候变化峰会期间，一名抗议者拿着一块标语，
　　　　上面写着奥斯特罗姆最喜欢的口号之一

图片来源：埃里克·诺德曼

　　信任和互惠。公共资源所有可持续发展的要素都离不开信任和互惠。不论是个人还是一个国家，如果他们相信其他人也会和自己一起行动，资源使用者就必须限制资源消耗量。所以，当一个资源使用者对其他人说："我不会限制自己的消耗量"，那么这种公共资源就岌岌可危了。信任破碎之后，是很难恢复的。

　　奥斯特罗姆对于管理公共资源的设计原则之一，就是受规则影响最大的资源使用者，应当对规则的制定保有发言权。这就体现了互惠原则。这些规则对你我来说都适用。

　　在《巴黎协定》的框架下设计规定，是一个具有极大包容性的过程。主要的抱怨集中在，包含约200个成员国的谈判显得过于缓慢、费事。但是，包容性是联合国议程的特点，也符合奥斯特罗姆的设计原则。

美国于2020年11月4日正式退出《巴黎协定》。在未来，美国可以再次加入这份协定。不论美国是否加入，它在规则制定的过程中都有发言权。美国依然是《联合国气候变化框架公约》的签署国，将继续参与未来举行的缔约国会议。虽然它不会对《巴黎协定》相关的规定进行投票，但依然有很大的权力。一位参加过25次缔约国会议的人告诉《气候之家新闻》："如果（美国）不打算参与这场游戏，它为什么要参与规则制定呢？"美国退出了《巴黎协定》，让所有人都怀疑它继续坚持信任和互惠原则。

缺乏美国领导的第25次缔约国会议，让其他主要碳排放方丧失了信心。在最终成形的文件中，没有提及各国提高减排量，而是呼吁各国在2020年对承诺的减排量"保持沟通和更新"。美国、巴西等国则善于玩这种文字游戏。从另一个方面来说，80个国家同意在明年继续扩大减排量。欧盟和其他73个国家一起承诺在2050年实现零碳排放。

第25次缔约国会议的开始和结尾有一个共同点，就是充满不确定性。自从巴西和智利放弃承办缔约国会议以来，能否在2019年举办缔约国会议都成了个问题。大家都对此不抱期望。包括联合国秘书长安东尼奥·古特雷斯在内的很多人都对第25

次缔约国会议的成果感到失望。他在推特上写道："国际社会错失良机，无法展示通过缓解、适应和金融资助的办法来应对气候危机。但是，我们不能放弃，我也不会放弃。"

很多关于实施《巴黎协定》的技术性决定被拖延到以后的会议上。《联合国气候变化框架公约》的执行秘书在思考未来的道路。"随着在格拉斯哥举行的联合国气候变化大会第26次成员国会议近在眼前，我们必须团结一致，本着包容性的多边主义继续前进，才能实现《巴黎协定》和《联合国气候变化框架公约》设立的目标。"

信任和互惠。"己所不欲，勿施于人"是雷打不动的铁律。我们需要用信任和互惠让碳排放大户遵守规则，避免《巴黎协定》分崩离析。

2020年11月，在本书付印之际，乔·拜登（Joe Biden）当选美国总统。他承诺掌权之后，将第一时间带领美国重返《巴黎协定》。

CHAPTER 7

第七章
自愿性环境项目

O✛O

乔治·哈特威尔（George Heartwell）市长希望在自己所热爱的城市里，留下一个永恒的印记，一个可持续化的遗产。哈特威尔在密歇根州大急流城当了12年的市长，最近关于任期限制的法律，禁止他继续竞选市长。哈特威尔将可持续性作为执政的核心理念。但是，他以务实而保守的态度执政，是大急流城人尽皆知的。可持续性管理和可持续性商业紧密相关。办公家具产业在这里有很深的基础，世楷家具和赫曼米勒这些在全球市场占有份额的当地公司，几十年来一直在实践诸如零废料等可持续的生产办法。哈特威尔在作为市长的最后几个月里，希望将私营和公共部门联合起来，继续合作，打造一个可持续发展的大急流城。

哈特威尔最后选择了2030街区计划。作为一个由美国建筑学会提出的计划，2030街区计划旨在联合多个城市，鼓励建筑业主在2030年前减少能源和水的消耗以及交通运输的碳排放。这个计划由私营企业、当地政府和社区利益方共同推动。当哈特威尔于2015年辞任时，已经有11个城市成立了2030街区。在大急流城建立的一个2030街区正是哈特威尔所寻求的遗产项目。

　　哈特威尔找到了美国绿色建筑协会在大急流城的分会，请他们协调2030街区项目。他们在大急流城的核心区划定一个范围，邀请建筑业主主动加入该计划。花店和初创公司等业主都签了字。社区利益相关方也支持这个计划。哈特威尔和他的团队，得以在任期结束前几周正式启动大急流城2030街区计划。在新市长的支持下，大急流城2030街区计划继续开展。大急流城街区计划吸纳了42栋建筑中的业主，覆盖约1.5平方千米的面积。业主们减少能源和水的用量，并在此过程中节省了经费。这对经济和环境都有好处。各个派系，都对此达成了共识。今天，从多伦多到图森，北美已经建成了20个2030街区。

　　一代又一代的经济学学生都要听他们的教授讲那个令人长吁短叹的笑话。两个经济学家走在热闹的大街上，他们看到人行道上有一张20美元的钞票。年轻的经济学家说："快看，那是不是一张20美元钞票？"年长的经济学家答道："不可能。如果那是真的，早就被人捡走了。"在一个高效率的经济体内，企业主总是在寻找可以降低成本、扩大收益的方法。如果有省钱的好办法，那企业主肯定会找到它。

　　建筑业主要支付能源成本，所以他们已经有了通过节约能源降低成本的经济动因。但是，很多业主并没有在节能这方面进行合理规划。这就像是将20美元的纸币撒得到处都是。在一个经济学家的理想世界里，建筑业主早就把这些钱都捡跑了。他们不需要政府或者2030街区计划告诉他们该怎么做。

专家将理想状态和实际投资效率之间的差距称之为"效率差异"。这完全可以理解。如果你经营一家比萨店，你需要花时间去研究如何用最合理的成本做出最棒的比萨。这位比萨饼师的专长在于制作马苏里拉奶酪和意大利辣香肠，而不是处理隔热和热力泵。每个人的知识都是有限的。

像美国环保局这样的组织致力于让节能信息快速可查。有些产品带着节能星标更是大大简化了这一流程。但这还是取决于企业主学习如何节能并决定如何投资。比萨店主可能将钱花在他所熟悉的事物上，比如一个新路子，而不是将钱花在不一定能保证收益的增效措施上。所以，效率倡导者做出了很大努力，但能源效率差异依然存在。

有一句著名的谚语是这么说的："如果你想走得快，就一个人走；如果你想走得远，就一群人走"世界碳排放量中的70%来自城市。所以，城市想要减少对化石燃料的依赖，降低相关污染物的排放，还有很长的一段路要走。但是，正如这句俗语所说的那样，如果建筑业主和城市方面可以合作，那么情况就会变得更简单。

2030街区计划建立了一个由建筑业主和其他参与方合作以实现共同目标的社区。在一个城市的2030街区内，参与各方可以相互鼓励，监督彼此做出节能投资。他们可以分享信息，讨论何种方案在自己的城市中最为有效。而且这个计划还可以施加较为积极的同行压力。这种以社区为基础的办法，有可能比单打独斗效果更好。

2030街区计划不过是推进绿色实践的"环境俱乐部"中的一个例子。这些俱乐部类似《巴黎协定》，只不过规模更小。各个公司主动承诺降低能源消耗，或者减少污染物排放，同时监督彼此的行动。如果这种办法在小范围内适用，那就有可能在各个国家推广开来。

但还是存在一些问题。为什么建筑业主要自愿参加2030街区计划？省下几块钱的电费是一回事。但承诺将能耗降到国家平均水平的一半？这风险可不小。比萨店里真有这么多张20美元钞票吗？2030街区计划真的可以让参与者完成自己的目标吗？

2030街区计划和其他环境俱乐部采取了一个人性化的决定——投资于能源效率并将之转化为集体行动。后来，奥斯特罗姆将注意力转向气候变化。她建议我们应当从当地、地区和国家等多个层面采取行动，涵盖公共和私人领域。她将其称为多中心化的气候治理。两名印第安纳大学的研究生，马修·波托斯基（Matthew Potoski）和阿西姆·普拉卡什（Aseem Prakash），继续推进着奥斯特罗姆未完成的事业。二人在奥斯特罗姆的思想基础之上，发展出了一套自愿做出环保行为的"俱乐部理论。"他们的俱乐部理论可能就是解决各类环境挑战的关键。

启蒙时代的哲学家托马斯·霍布斯（Thomas Hobbes）曾经写道："没有利剑的誓约，不过是空洞的辞藻，不可能对任何人形成约束力。"这句话在马修·波托斯基和阿西姆·普拉卡什的作品中反复出现。自愿的环境协议和强制执行机制同样有效。

自愿的环境协议在20世纪80年代流行起来，并和高压的管理政策形成了互补。在环境管理的黄金年代，自上而下的"命令和控制"式的管理无疑是首选。《清洁空气法案》《清洁水体法案》和其他在20世纪70年代通过的管理规定，要求污染排放方采用特定的清理措施，留下可供灵活处理的空间并不多。我们的空气和水作为公共资源，都在快速衰竭。管理人员认为，避免"公共资源悲剧"的唯一方法，就是由联邦和州政府实行自上而下的管理，或者就是采用以市场为基础的手段。

这些规定通常都奏效了，但是商界抱怨这种为了环保而实行的自上而下的管理成本过高。商界希望有更为灵活、成本更低的选项。这些管理部门缺乏足够的员工监控所有地点出现的污染，执行相关法律。有些保守的学者建议采用以市场为基础的手段。污染税将为公司提供一种基于市场的激励机制，促使它们投资清洁科技。总量管制与交易制度建立了一个市场，各个公司可以交易污染许可证。降低污染排放的公司，可以出售多余的许可证并以此赢利。随着时间的推移，发放许可证的管理部门就可以减少许可证的数量。1990年的《清洁空气法案修正案》为了应对酸雨问题，就引入了总量管制与交易制度。关于酸雨和东北地区森林和湖泊遭到破坏的头条标题，曾经屡见不鲜，但现在已经很少见了。总量管制与交易制度很大程度上解决了酸雨问题，而且成本确实低于自上而下的管理。

奥斯特罗姆的研究一如既往地指出了第三条解决方案。如果社群可以在没有自上而下的政府干预和私人市场的情况下，管理公用渔业资源和林地，也许工业界也可以用类似的方法减少污染物排放。到了20世纪80年代和90年代，一些政府部门和非政府组织尝试用自愿式的手段来减少污染排放。举例来说，美国环保局在20世纪90年代早期发动了一个名为"33/50"的自愿计划。环保局向参与计划的公司发起挑战，希望他们在1995年之前减少特定有毒物质的排放量。国际标准化组织为了环境管理而设计了《环境管理体系要求及使用指南》（ISO 14001）。公司可以自主选择这些环保方案。

但是，有些城市却对此持怀疑态度。公司缺乏主动投资治污技术的动机，这不仅会增加成本，也会减少收益。与此同时，公司的竞争对手可能不会采用这些措施，进而在竞争中抢夺先机。正如奥斯特罗姆所说，"没人想当失败者"。以自愿为基础的计划看起来像是失败者的赌注。

更糟糕的是，以自愿为基础的计划可能帮助正在排放污染物的企业洗白自身形象。公司和整个行业都可以宣称自己都采取了自愿性的措施，以此来避开管理方。至于参与计划的企业到底有没有减排，就成了一个不解之谜。环保主义者不相信排污方会进行自我管理。但是，毫不知情的公众可能会认为排污方已经处理了排放的污染物。自愿性计划可能成为高排污企业的伪装。

到了20世纪90年代中期，企业和管理方就自愿性计划都积累了大量的经验。环境和社会学家有了足够的案例，可以评估自愿性计划是否有效。阿西姆·普拉卡什就在此时和埃莉诺·奥斯特罗姆展开了合作。

和奥斯特罗姆的其他学生不同，普拉卡什拥有商业背景。当他在印度为宝洁公司工作的时候，恰巧见到奥斯特罗姆发表演讲。奥斯特罗姆关于公共资源的理念令他印象深刻。普拉卡什认为奥斯特罗姆的想法在商业领域可能也有用。她鼓励普拉卡什在印第安纳大学读取博士学位。没过多久，他就在地图上寻找印第安纳州。普拉卡什在和我的谈话中开起了玩笑："好，印第安纳州。和印度差不多。"

普拉卡什从"新制度主义的角度"开展关于自愿性环保项目的研究。这种跨学科的研究方法结合了主流经济学、经济史、政治学和社会学。他写道："新制度主义的核心在于，制度对于个人和集体行动的结果而言都是极为重要的。"在奥斯特罗姆看来，制度就是关于需要、禁止或允许哪些行为的规则系统。主流经济方法主要关注个人行为。新制度主义认为，社群内部的个人决定将对社区造成影响。社群内部的规则影响了个人的决定，个人的决定以社区规则为指导。有些规则是正式的，比如限速，限速限制了司机的行驶速度。还有些规定可能是非正式的行为规范，比如当地风俗习惯，要求去教堂的人在祷告期间将手机调为静音。这些规则——也就是制度——影响了个人的行为。但是，它们也影响了社群中其他人的反应。

　　普拉卡什用新制度主义分析自愿性环保项目。他认为，商界加入自愿性计划取决于做出决定的个人。举例来说，可能是某一位经理，而不是"集团"，决定是否要减少污染。普拉卡什也接受了有限理性的概念。主流经济学的模型将人描述成完全理性和高效的决策者。很明显的是，人类并非如此——还记得关于20美元纸币的经济学家笑话吗？但从另一方面来说，新制度主义派认为人类应该根据合理化的经验主义做出决定。一个人可能会满足自己的利益需求，而不是让自己的利益最大化。举例来说，一个人为了增加收入，可能会抓住每一个机会加班。但一个满足之人，在获得足够收入之后，就可能放弃加班的机会。新制度主义要比标准经济模型更为现实。

　　普拉卡什希望知道，为什么虽然法律没有做要求，但各个公司还是会采取自愿性环境计划。在标准的经济模型下，采取"超越已有环保法规和标准"的措施，无疑是不合理的。从效率角度来看，自主开展超越现有法规要求的控污措施无疑成本颇高，而且会影响公司利润。但是，确实有些公司加入了这些自愿性环境计划。他研究的项目之一就是美国环保局的33/50计划。环保署在1991年启动了这个项目，向所有自愿参加这个项目的人发起挑战，希望他们在1992年将特定污染物的排放量减少33%，在1995年减少50%。符合条件的公司中，有1/6参加了这个计划。

美国环保局公开认可并表扬了这些加入33/50计划的公司。环保局承诺，只会报告国家层面的结果。更重要的是，没有实现目标的公司名字也没有被公开。潜在的公开羞辱可能会吓跑参与项目的公司。环保局的自主性计划成功了。参与计划的公司在1994年达成了减排50%的目标，这比预期计划提前了一年。普拉卡什发现参与计划的公司都大规模减少了污染物排放。他深入研究了一家药业公司，其将污染物排放降低了80%。和没有参加计划的公司相比，计划的参与方减排成果更为显著。

参与计划的公司在控污方面花费了几百万美元。普拉卡什没有找到任何证据，表明这些公司最起码在短期之内省了钱。所以，这些公司参加这个计划的原因还是个谜。成为一位优秀的企业公民，也许可以提升公司的长期发展前景，但是公司的环境经理可能要向领导层兜售这种概念。有的时候，一位高层经理会接受这个观点，运用自己的权力实现这一愿景。还有的时候，"环保领袖"会说服持怀疑态度的人，让他们相信减排对公司是有利的。当下这么做可能会花钱，但是在遥远的未来是可以产生回报的。这些领袖竭力围绕自主性活动营造共识。他们可能会劝说怀疑论者，采取超越已有环保法规和标准的自主性措施可以让监管方不注意自己。这些措施能在社群之中营造好感，而这种好感在申请许可建造新工厂的时候可能会非常方便。这些战略优势可能不会出现在会计的账本中，但这也是一种优势。不论是不是通过公司力量或者领导权做出这些决定，主动推动控污措施的人都会认为控污承诺符合公司的长期利益。

普拉卡什获得博士学位之后，就和自己在印第安纳大学的校友马修·波托斯基合作。二人研究了在全球范围内使用广泛的ISO 14001环境管理标准。ISO 14001的诉求可能源自其脆弱的监控能力和处罚措施。持怀疑论的人完全有理由认为，这个计划缺乏真正的执行措施，不可能减少污染。但是，科学证明怀疑论者错了。普拉卡什和波托斯基发现，引入ISO 14001标准的公司在环保方面有更好的表现。其他学者在其他自主性环境计划中看到了类似的表现。

但是，并非所有自主性计划都实现了目标。普拉卡什和他的同事提出，这种失败存在若干原因。第一，有些自主性计划的规定比较宽松，没有监督和执行措施。公司可以很轻易地加入计划，但这些计划缺乏足够的奖励机制，让公司去履行之前的减排承诺。第二，各个公司都有加入自主性计划的自由。

这些加入计划的公司可能有很强的环保意愿，它们可能采取了一些简单的环保措施。当这些公司加入这些计划后，想要提高环保效果，唯一的选项只有那些成本高昂且环保效益不高的措施。最成功的计划应当是足够宽松的，足以让各类公司加入，同时也足够严格，以此提高环保绩效。

在科学思考的构架中，理论为研究世界中特定的部分打开了一面机遇之窗。有些窗口可以提供更好的见解。通过标准经济手段研究自主性计划的效果并不好。在超越法规要求范围之外花钱减排，等同于减少自己的收入。但是，也有明显的证据证明，有公司确实会这么做，而且还能保证自己的收益。研究人员需要一个新的理论来了解自主性计划。而这就是普拉卡什和波托斯基的研究成果。

二人从之前的工作中汲取灵感，普拉卡什在奥斯特罗姆研究工坊中研究与公共资源和集体行动有关的研究成果，建立自己关于自主性计划的"俱乐部理论"。加入一个自主性环境计划就像是加入一个会员制的打折店。顾客缴纳一定的会员费，就可以享受店内的打折优惠。如果顾客认为通过打折购买商品省下的钱远超会员费的话，就会选择加入。在一个自主性环境计划中，"会员费"就降低了安装减排设备或者其他减排措施的成本。具体收益根据计划的不同而有所不同，这其中包括该公司被列为首选服务供应商，获得特殊信息和服务的使用权，提高品牌声誉，甚至有可能因为更有效率的行动而节约成本。

一个成功的打折俱乐部通过平衡会员费和收益来吸引顾客。没有会员费的打折店会有很多顾客，但是店内的商品标价不会便宜。从另一个方面来说，如果会员费够高，那么商品标价就会很便宜。但是，大多数顾客都不会支付高额会员费。更重要的一点是，打折俱乐部的顾客要出示会员卡才能进入店内。只有会员才能买打折商品。

7.1　鼻涕虫俱乐部

交通堵塞和缅因州龙虾帮存在一定的共同点。他们都具有公共资源的元素。对于龙虾帮来说，交通繁忙的高速路通常竞争激烈，毕竟一辆车只能停在一个地点。但是，任何人都可以用高速路。越来越多的司机想挤上免费高速路，于是导致了交通堵塞。为了试着解决这个问题，专门辟出了专供车内有多名乘客的车辆使用的高承载车道。这减轻了常规车道的堵塞，增加了交通流量，甚至降低了污染。但是，司机怎么去多找一名乘客呢？

"鼻涕虫"作为一套拼车系统，在华盛顿特区已经有几十年的历史了（http://www.slug-lines.com/）。这些外号"鼻涕虫"的拼车乘客通常选择在公交车站附近排起长队。司机会开到队伍前面，看看有没有人想搭车去类似五角大楼这样的地方。拼车乘客上车之后，司机就可以开上高承载车道，送所有人去上班。这期间不会产生任何费用。司机能得到的好处就是可以开上高承载车道。

但和其他俱乐部一样，这里也存在规定。不要和司机交谈，不要在车里吃东西，不要把一名妇女单独留下等车。这种自下而上的非正式拼车体系和礼仪规范，完全不存在政府和私营市场的介入。

为什么要管他们叫"鼻涕虫"呢？在早期，公交司机会看到乘客在车站排起长队，但不会上车。这些人都不是真正的乘客，类似是为了免费乘坐公交车而投下去的假硬币，而这种假硬币又被称为"代币"。公共交通的负责人很快就接受了这种"鼻涕虫"式的拼车方式，认为他是缓解拥堵交通和在拥挤的公交车上释放空间的好办法。

文森特和埃莉诺·奥斯特罗姆扩大了以往经济学家用于描述服务和商品的名录。在描述一种商品是否会用完的时候，他们会说这是"可减去"的商品。一个人只能在一定的时间内使用的物品，一些学者将其称之为"竞争性"物品。另一套名录是用来形容一个人无法使用的物品。缺乏管理的公共资源具有竞争性，但不具有排他性。公共草场上的每一块草地都具有竞争性，因为一次只能有一只羊或一头牛去吃草。但是，在缺乏管理的公用草场上，家畜的所有者无法阻止其他人使用这片草场。竞争性和非排他性会导致公共资源的滥用。

但是从另一个方面来说，打折俱乐部里的商品并不具备竞争性和排他性。没有缴纳会费的人是无法购买打折店里的商品的。但在获得准入权之后，所有人都享受打折带来的优惠。打折商品可不会像一杯咖啡一样被喝光。所以，打折商品不具备竞争性。

普拉卡什和波托斯基以此建立了关于自愿性计划的俱乐部理论。只有计划的参与方才能享受成功的自愿性计划带来的好处。但是，这些计划依然需要监督，以确保成员们能"缴纳会费"——持续改善环境。他们用俱乐部的理论解释和预测了自主性计划的成功。他们将标准宽松、缺乏监督和执行机制的计划称为"弱剑"，这些计划效果并不理想。想加入这些计划很简单，但其中缺乏让成员减排的动因。而另一个极端就是，具备高减排标准，有强大的监督力量和执行机制的俱乐部，想加入其中，成本不菲。加入这些计划的公司可能减排量不少，但只有个别公司是主动加入其中的。计划带来的影响可能很小。而在这两种极端之间的计划的标准和执行机制可能更容易成功。普拉卡什和波托斯基为科学家提供了一套完整的理论，用以解释那些加入自主性计划的公司和经理的行为。

普拉卡什对我说："如果一个参与方重视自己的声望，就需要向外部的利益关系方展示自己的善意。"俱乐部就是公司、非营利组织和其他组织展示自己可靠和可信的一面的工具。

俱乐部理论也许可以帮助2030街区计划实现目标。

●   ●   ●

7.2　以集体行动应对新型冠状病毒肺炎

和密歇根州其他酒吧老板一样，凯尔·范斯特里恩（Kyle VanStrien）等待机会重新开放长街酒厂的品酒室。在2020年3月，为了减缓这种病毒的传染，密歇根州州长下令关闭了所有的酒吧和餐馆。这招确实奏效了，病例增长速度下降了。州长下令，只要酒吧和餐馆能采取行动保障所有人的安全，就可以重新开业。

但是，有些门店并没有遵守这些规定。一些员工和顾客确实感染了新冠病毒。卫生部门命令违规的商家暂时关门。

"因为两三家店的人没有遵守规定，密歇根州西部又爆发了一波关店潮。"范斯特里恩对我说。

范斯特里恩曾经和其他酒吧和餐馆的老板聊过天，袒露了自己对于员工和顾客的担忧。

"我们建立行业内的标准。这套标准应当来自行业内有着共同想法的业主，而不是由政府制定。我们很感谢州政府和疾控中心提供的指导意见。但并非所有人都是如此。有些人的看法和我们相左。"

"我们想到了这一点，和其他人展开了讨论，然后我们采用了完全不同的路线。我们自己建立起了一套标准，其他人遵守这套规定。这已经超越了卫生部门的要求。"他们把这套规定叫作"密歇根餐厅承诺"。这片区域内其他餐馆业主听到了这个消息，也希望采用类似的办法。在几天之内，参与"密歇根餐厅承诺"的店家增长到了300多家，而在一开始的时候，只有区区6家参与了这个计划。

如果参与的餐馆不遵守其中的规则，就会被从名单中移除。范斯特里恩认为，对于违反规定的人，这样的处罚措施是足够的。

他说："不然的话，这个名单就毫无意义。"

加入2030街区计划不是没有成本的。建筑业主必须承诺在2030年之前减少一半能源和水的消耗，降低交通运输相关的温室气体排放（相对于一个标准化的基准）。这是一个非常严苛的标准。建筑业主获得的是更为模糊、难以量化、但是堪称具有变革性的回报。

2030街区计划希望参与方能够成功。街区领导人不想用突然检查的把戏，发现参加计划的成员是否在推卸责任。所以，这些街区提供各种服务，帮助参与计划的建筑业主。每个2030

街区都会提供服务供应商，以确保所有参与计划的业主都可以达成目标。供应商可能免费提供服务或者进行打折。举例来说，大急流城2030街区建立了一个能源协助计划，专门帮助缺乏能源工程师的成员。符合条件的成员包括中小企业家、非营利性组织和教堂。

大急流城2030街区领导人切里·霍尔曼（Cheri Holman）说："不论中小企业做的是什么买卖，他们担心的是今晚服务员能不能端出新鲜的虾。他们没有经理负责管理设施或者能源，他们不过是继续支付账单罢了。"霍尔曼说，能源协助计划就是希望填补这个空白。建筑业主可以得到免费的能源审计，运用能源之星数据管理工具，将自己的能耗与同行业的数据进行比对。

"如果一个小企业主将自己的数据加入能源之星数据管理系统，他们一下就能知道自己到底消耗了多少能源。"而且可以将自己的建筑耗能与数据库中的其他建筑进行对比。举例来说，一家餐馆可能每平方英尺热耗能达到约300kBtu/ft（能耗每年每平方英尺），而数据库中餐馆的平均数值为250kBtu/ft。霍尔曼说："为什么我的耗能这么高？如果能意识到'我的餐厅是不是存在问题？是不是存在异常？'这样的问题，就很有用了。"

霍尔曼在领导大急流城2030街区计划及其赞助组织美国绿色建筑委员会的西密歇根分会之前，曾经是一位建筑承包商。

"我曾经依靠节能卖出了几百万的大项目。他们原本什么都不打算买。我向他们展示了基线，展示可以从公共费用上剩下多少钱。然后我们用这些钱建立一个项目，现在听好了，他们用五年的时间把投进去的钱都赚回来了，而且在设备寿命周期内又赚了150万美元。所以，你一旦引入经济要素，那么效果就非常明显。"

这些银行里的钱可都是为了赚钱而存的。但是这些钱对于使命推动型的非营利组织而言则显得更为重要。通过节能剩下的钱，可以回流到他们的项目里。举例来说，底特律2030街区对教堂尤为关注。剩下的钱又回到了教堂牧师手中。大急流城2030街区的成员，为无家可归和处于危险中的少年提供帮助。

2030街区承诺减少50%的建筑能耗听起来遥不可及。从技术角度来说，这是以国家能耗基准为基础进行的节能，而不是参照某一栋建筑当前的能耗。但其中的挑战刚好可以吓跑一些潜在的成员。霍尔曼承认，在启动大急流城2030街区计划的时候，强调50%减排是个错误。"这个指标太高了。我已经减少了不少能耗，我实在是无法继续减排了。"建筑经理们也担心无法完成指标。霍尔曼保证他们不会受罚，如果某栋建筑没有完成目标，也不会登上报纸成为被羞辱的对象。（图7-1）

"现实情况是，我们需要让所有人都加入这个计划。我们需要这些对话……他们能否完成目标并不是重点。"霍尔曼说。她强调，真正重要的是所有人为了这个目标而努力。

7.3　大急流城总部在节能的同时帮助青年

尚德拉·斯坦宁格（Shandra Steininger）并没有想到自己会成为节能的倡导者。作为大急流城总部的执行总管，斯坦宁格管理着大急流城离家出走和无家可归儿童的收容中心。这里可不仅是能够提供一顿热餐和淋浴的地方。她和自己的同事帮助年轻人联系护士和治疗师，找工作和申请医疗补助计划。在最初的五年里，总部接收了超过1400名青年。和其他组织一样，总部还要支付取暖费和电费。

总部和一间当地教堂合作，购买和装修了自己的房屋。但搬进去没多久，屋顶就开始漏水。斯坦宁格将总部的房屋纳入大急流城2030街区计划，因为街区可以提供免费的能源审计和专业指导。审计员的调查结果，让斯坦宁格大吃一惊。"所有的制冷和供暖都从屋顶漏掉了。"她说，"屋顶的R值只有2。"她后来才知道，这个数据非常糟糕。"这就像是一层床单"没有任何绝缘效果。很多砖头之间缺乏砂浆，导致很多热量流失。多亏大规模筹款，总部可以换掉漏水的屋顶，将R值提升到30。他们修好了这栋砖石建筑，给管道做了隔热。

斯坦宁格解释道："我们管这叫绿色雨伞计划。"屋顶就是这栋房子的雨伞，保护房子免受风吹雨打。这也暗示总部的目标就是保护弱势的青年。绿色代表环境。但这里要考虑的不只是绝缘。总部在整栋建筑内都采用了环保设计，营造了一个温馨的环境。

　　现在，员工可以监控能耗，计算节约了多少经费。这些钱将回流到总部所服务的青年项目中，比如重要文件恢复项目。

图7-1　尚德拉·斯坦宁格负责大急流城2030街区（她身旁画中的建筑也是2030街区的一部分，街区办公室就在其中）

图片来源：埃里克·诺德曼

奥斯特罗姆高度重视这些对话的价值。她研究博弈论的同事将闲聊斥为"无用之谈。"他们认为如果围着桌子聊天不能推进某项谈判，那么其就是没有意义的。但是，奥斯特罗姆发现，这种闲聊可以促进社群内的互信。大家了解真实的彼此，而不是等式中的变量。街区成员了解大家，由此可能更乐于与整个团体分享有用的信息。霍尔曼说："将大家聚在一起，就可以研究出一个解决方案。"

基利安·基姆（Gillian Giem），作为霍尔曼在绿色建筑委员会的同事，也同意这一观点。"我们试着给大家提供一个讨论节能和其他事情的空间。他们将此看作一个展开这些讨论的机遇。"

2030街区计划和普拉卡什所研究的化工领域"超越规定范围之外"的工作遥相呼应。在当地，大多数建筑的建筑指标都只限于符合州或者地区的规定。在霍尔曼看来，这些按照规定建造的建筑是"依法所建的最糟糕的建筑。人们的一举一动显示，这些规定好像很好。但是，你什么时候会买勉强符合最低要求的东西？仔细想想这个问题。如果有两个烟雾探测器，你是要买勉强符合最低标准的，还是那个质量更好的？所以，用这种角度思考问题还是很有趣的。"

2030街区计划就是针对建筑和装修的超越法规规定范围的解决方案。在密歇根州，只有州政府可以制定建筑规定。城市和地区政府不能通过比州政府规定更严格的法律。所以，像

2030街区计划这样超越法规规定范围的解决办法，就是社区鼓励建筑设计可以大幅超越法定的最低节能标准。

大急流城2030街区和其他参与计划的街区一样，都相对新颖。这个街区希望能寻找机会省钱。这是普拉卡什在其他自主性计划中确定的动因之一。但随着建筑业主选择简单的节能措施，并将很快挖空其中的潜力。但是通过努力，在2020年达成节能20%的目标是完全可能的。四个街区已经提前达到了目标。但是，在没有国家碳价或者其他规定的前提下，完成50%的节能目标却需要作出真正的牺牲。2030街区计划需要找到新的办法，激励成员完成目标。行为经济学，作为一种将经济学和心理学融合起来的新兴学科，可能会对这方面的研究提供帮助。

● ● ●

奥斯特罗姆确认了可持续化管理公共资源的八大设计原则。事实证明，其中很多原则同样适用于像2030街区计划这样的自主性计划。物理和社交的界限非常重要。在一个自主性计划中，会员资格确定了计划的社交界限。2030街区计划更进一步：每个街区围绕城市闹市核心区设立了地理边界。街区成为一个有地方感的社区。

精心管理的公共资源和自主性计划，也可以监督合规行为，并执行正规和非正规的规则。2030街区计划网络负责监督全国计划，审查来自各个城市的申请，密切关注已经加入计划的街区。如果一个街区未能保住自己的会员资格，2030街区计划网络就可以吊销它的许可证。两个街区面临领导权的真空，各个团体陷入沉默。在他们尝试重组的时候，这两个街区的状态也被降为"初始状态"。2030街区计划成员会跟踪记录并秘密向街区领导上报自己的能耗。成员还要承诺减少与用水和运输相关的温室气体排放。但是，大多数街区在统计消耗这方面并没有取得太大的进展。

在本书的大多数案例中，社区制定规则，对违规的人进行处罚。但是处罚自主性计划中的成员并没有用，如果他们不想，或者无法达到计划目标的时候，就可以选择退出。如果罚金过高的话，潜在的成员甚至都不会加入。如果自主性计划希望成员能够付出善意，那么就不能对成员太严格。

此时，声望就显得非常重要。正如普拉卡什所说，俱乐部为在乎自己声望的公司提供了一个渠道，可以向其他人表示自己的善意。在乎自己声望的公司希望和秉持同一观点的公司合作，和那些可能败坏自己声望的公司保持距离。建立环境友好或者安全工作场合的名声可能成本不菲。但是，处于领先地位的公司相信，打造这样的声望符合自己的长期利益，他们愿意为此投资。而且他们还会确保那些不认同这些观点的公司，不会以自己为跳板获取利润。

但是，其中还有一层含义。与其处罚违规行为，不如鼓励积极的行为。2030街区计划通过提供信息，提供专家支援和其他资源实现了这一点。参与计划的一些成员可能间接影响了其他成员的行动。专家称之为"行为传染"，而且这有助于实现2030街区计划的目标。

如果和其他吸烟者为伍，那么这个人就更有可能抽烟。如果一个人不认识抽烟的人，就不太可能走进超市买烟。吸烟就是一种典型的行为传染。社会学家发现，有很多与行为传染有关的例子，而这些例子都存在社会危害性。但是，行为传染也可以用来促进公益传播。

两名经济学家研究了加利福尼亚州住宅区太阳能板的安装工作。他们发现安装太阳能板的房屋都聚在一起。一名经济学家认为一些社区可能更适合安装太阳能板，这里可能光照更充分或者树木更少。但是，经济学家们仔细研究了太阳能板的安装时间。他们发现，当一户人家安装太阳能板的时候，周围邻居稍后也会安装太阳能板。当能从街道上看到太阳能板的时候，它的安装率就更高。邻里间的聊天也会增加安装率。

行为经济学家认为，这种行为传染解释了为什么高耗油的SUV车型在20世纪90年代流行一时。如果和军队以及越野车辆联系起来，一旦有钱人开始购买路虎汽车，SUV的销量也开始增长。但是，行为传染也解释了为什么丰田普锐斯的时髦风格能使它成为畅销的混合动力汽车。其他品牌也推出了混合动力车，但这些车和常规车型没有任何区别。普锐斯独特的外观和名字，给司机发出了一个明确的信号。混合动力车并不是嬉皮士的专属。这种传染不断扩散，为插电式混合动力车和纯电动车铺平了道路。

2030街区计划可以通过行为传染，传播节能和节水的积极理念。有证据显示，这种传染正在继续。人们看到邻居的屋顶安装了太阳能板，但看不到新装的空调或者隔热系统。建筑业主会讨论在2030街区会议上提出的各种事项。这种口口相传的信息共享，特别是当这种信息的来源非常可靠的时候，可以鼓励其他人采取节能措施。这甚至可以激发友好的竞赛。

霍尔曼在大急流城的同事基利安·基恩说："我们都知道，竞争是人类最大的动机之一。但是，因为我们希望被别人崇拜，所以竞争就会存在。"

建筑战争是另一场由美国绿色建筑协会组织的节能竞赛，这个项目和2030街区项目互不干涉。谁在这场比赛中的节能效果最显著，那么谁就胜出。其中包含着一种友好的竞赛精神。密歇根大学最近也加入了这场竞赛。这种州与州之间的竞赛，在霍尔曼看来，"就现在的情况来看，密歇根大学正在主导这场比赛。"也许密歇根大学之前耗能严重，最近开始引入技术难度较低的节能措施。霍尔曼认为，密歇根州"已经迫不及待地想看看有没有人能打败自己。这种竞争和透明度可以长期持续下去，无疑是非常有趣的。"

科学研究和各种坊间传闻显示，我们可以设计场景，让积极的行为传染发扬光大。2030街区计划可能就是其中之一。

●   ●   ●

在正确的环境下，自主性环境计划非常有效。这并不意味着我们不需要具有法律效力的政策来保护公共卫生和环境。霍尔曼说，建筑标准不过是为"在法律许可范围内可以建造的最糟糕的建筑"设定了一个极限。同样，环保规定也是在法律许可的范围内为最糟糕的环境设定了一个极限。但是，我们不能满足于最低标准。

鉴于气候变化，奥斯特罗姆明智地指出，"如果……我们单纯等待大人物做出决定，那我们就有大麻烦了。"一代人的时间里只会出现一个重大环境政策。与此同时，各个社群饱受和气候有关的灾难、工业污染和交通堵塞的影响。奥斯特罗姆的话是在号召大家发起行动。这是在提醒我们，作为公民，并非对此无能为力。我们的个人行为可能可以忽略不计。但是通过合作，我们就可以做出改变。如果我们想要走得远，就必须合作。

第七章 自愿性环境项目

CHAPTER

8

第八章

太空中的公共资源

184

当发生碰撞的时候，铱星公司的马里兰总部正好是午餐时间。但公司员工不知道的是，他们的一颗通信卫星正以每小时36 000千米的速度，向着一颗废弃的俄罗斯卫星飞去。片刻之后，铱星公司工程师就和这颗卫星失去了联系。两颗卫星在西伯利亚草原上空约800千米的高度发生了碰撞。"这是我们第一次见到两颗太空卫星无意间发生碰撞。"美国航空航天总署的一名官员第二天说，"对双方而言，都是糟糕的一天。"

但这次碰撞不过是一个开始。两颗卫星在高速碰撞之下，变成了1500多个碎片。体积最小的碎片不过晚餐盘大小。每一个碎片都是一个威胁。想象一下，一个晚餐盘以每小时36 000千米的速度击穿卫星的太阳能电池板，或者宇航员的太空服。万幸的是，国际空间站的轨道低于卫星碰撞的高度。空间站里的宇航员依然安全。

这场发生在2009年2月的碰撞，是有史以来最具破坏性的一次事故。在这之前，有三个无人太空飞行器曾经与太空垃圾发生碰撞。但是，这些事故都不危险。太空中已经有很多尚在使用中的太空飞行器，老旧的火箭零件，以及绕地球飞行的太空垃圾。

自治 主理 埃利诺·奥斯特罗姆关于公共资源管理的见解

太空垃圾，现在的正式名称是轨道残骸，这已经变成了一个巨大的问题，美国航空航天总署不得不成立一个专门处理这个问题的办公室。天体物理学家和工程师使用复杂的雷达系统，追踪超过18 000片太空垃圾，它们有可能击穿我们的卫星和太空站。太空垃圾的数目以每年300片的速度在增长。一些太空垃圾落入大气层燃烧殆尽，而其他的则互相碰撞产生新的碎片。但是，就算是一块邮票大小的油漆碎片，只要以超音速飞行，就会造成威胁。这些碎片太小了，美国航空航天总署不可能追踪到它们。

在2011年，美国航空航天总署向国际空间站发出有太空垃圾靠近的预警，这才让空间站化险为夷。宇航员进入了逃生舱。"他们距离发射逃生舱就差一个指令。"飞行主管对《纽约时报》说。当时太空垃圾距离空间站不过400米。

美国航空航天局轨道残骸项目的科学家致力于保证宇航员和关键技术装备的安全。他们也在研究避免一种被称为凯斯勒综合症的全球性灾难。凯斯勒综合症是许多科幻小说的灵感来源，但是它并非虚构。在1978年，美国航空航天局的科学家唐纳德·凯斯勒（Donald Kessler）正在研究轨道残骸。他发现在轨物体的随机碰撞会造成更多的太空垃圾，2009年的卫星碰撞就已经说明了这一点。这些碎片会碰撞其他碎片，产生更多的太空垃圾。如果这个数值超过临界点，那么就会创造出一个轨道残骸带，摧毁任何从中间穿过的东西。

对于我们这个依赖科技的社会来说，凯斯勒综合症带来的后果无疑是非常可怕的。在最糟糕的情况下，通信卫星、电视甚至提款机都有可能无法工作。商店无法使用信用卡结账。我们依赖于科技的军事力量也将受到损害。卫星在我们的日常生活中扮演着非常重要的角色。但是，这种局面不是一下子就形成的。我们不会像科幻电影中描述的那样迅速陷入黑暗，而更有可能的是一步步地陷入黑暗。

凯斯勒和她的同事发现，太空中已经存在大量的太空垃圾。他们在2010年提出，通信卫星和其他卫星的常用轨道"预计将超过失控阈值"。地球周围已经有大量的太空垃圾互相碰撞。这些都是燃料。唯一缺少的就是一根火柴。

所以，当印度在2019年4月炸毁一颗失效的卫星时，研究太空垃圾的科学团体一时间保持高度警惕。美国航空航天总署主管吉姆·布莱登斯坦（Jim Bridenstine），召开会议公开谴责这种故意制造太空垃圾的行为。他告诉参会人员："这种行径并不符合人类未来太空飞行的发展。"印度总理对这次用弹道导弹摧毁废旧卫星的行动表示庆贺。在他看来，这是一个技术成就。印度加入了由美国、俄罗斯和中国组成的会用弹道导弹摧毁自己卫星的俱乐部——可能会用这种技术摧毁敌人的卫星。虽然在短期之内，轨道残骸对国际空间站的宇航员造成了威胁，美国航空航天局估计，大多数太空垃圾都会在大气层中燃烧殆尽。这还不足以成为促成凯斯勒综合症的火星。但是，太空中每多一块太空垃圾，凯斯勒综合症的发生概率就高一分。

"太空垃圾问题就是一个经典的'公共资源悲剧'，只不过这是一个全球问题。"凯斯勒在2012年的一个视频中说。"如果我们不改变在太空中的运作模式，那么到了最后，所有的残骸将形成一个环带，任何试图穿越这个环带的飞船都会被击毁。"

布莱恩·维顿（Brian Weeden），作为安全世界基金会的太空政策专家，将凯斯勒综合征与气候变化做了对比。这将是一个需要长期管理，而不是短平快的解决方案就能处理的问题。科学家几十年来都在警告气候变化带来的威胁。唐纳德·凯斯勒从1978年开始，就对太空垃圾带来的问题发出警告。但是，一直以来缺乏实际的应对措施。

维顿在一次采访中对我说："我之所以说，轨道残骸问题和气候变化问题类似，是因为实际风险是在缓慢增加的。"随着轨道残骸越来越多，"成本会越来越高，风险也越来越高。"但这就像是不断上升的海平面会吞没沿海城市，总有一天，将贵重物品和人员送入太空的成本和风险，将会超过我们能承受的范围。所以，除非我们开始积极管理太空公共空间里的轨道残骸，否则这种局面早晚会成为现实。

所以，我们该如何改变自己在太空中的运作模式，并减少乃至清除太空垃圾呢？从更广泛的角度来说，我们该如何维护包括轨道空间、富含矿物的小行星、月球和火星在内的各种外太空资源呢？制定太空政策的团体正在积极讨论如何维护太空资源。一些专家认为，太空是一种"国际公共空间"，而其他人则选择性地认为轨道资源属于公共资源。还有些人对此表示怀疑，认为外层空间甚至都算不上是一种公共资源。

虽然奥斯特罗姆并没有专门研究太空公共资源，但是她确实研究了国际公共空间的问题。按照定义，国际公共空间指的是不归属任何一国管辖的区域。这就包括外层空间、极地、公海、深海海床、全球气候系统、生物多样性，甚至包括无线电频段和互联网。

●　　　●　　　●

奥斯特罗姆职业生涯的大部分时间，都在关注地区社群如何管理自己的公共资源。这些资源通常占据一定面积的地理区域，参与人数也不多。就算是在洛杉矶这个大都市里，也只有几十名水务管理人员参与了每一个盆地的决策流程。建立明确的物理和社交边界，是奥斯特罗姆八大设计原则的第一条。

在完成《公共事物的治理之道》一书之后，奥斯特罗姆就将注意力放在了国际公共空间的问题上。一开始的时候，还不确定她的设计原则是否能运用于国际公共空间。举例来说，国际公共空间缺乏清晰的界限，或者说，这个界限就是这颗星球。源自龙虾捕捞业或者灌溉区的经验，真的可以解决类似全球气候变化和太空垃圾这样的问题吗？奥斯特罗姆和她的同事开始寻找答案。

奥斯特罗姆和来自工坊的同事迈克尔·麦金尼斯认为，自己之前的研究成果对于管理国际公共空间是很有用的。他们认为，一些国际问题的基本结构和地区公共资源问题类似，奥斯特罗姆认为公共资源具有竞争性——也就是说，这种资源会被耗尽，而且很难阻止其他人使用这些资源。对于龙虾来说，每一只被困在陷阱里的个体，都等于从总量中被移除了。而且，实际上，任何有陷阱的人都能捉到龙虾。如果大家无法团结一致，就很难将其他人排除在港口之外。所以，龙虾符合奥斯特罗姆将公共资源限定在一定范围之内的定义。

布莱恩·维顿作为太空政策专家，坚定地认为近地轨道是一种公共资源。他说："我们使用的空间密度非常高。在300至大约1000公里的轨道范围内，存在很多物体。"这块区域被称为近地轨道，是太空中最有价值的地方。在这片区域内，通信卫星传递电话信号，观测卫星拍摄森林大火的照片，间谍卫星追踪军队行动。这片区域非常拥挤。但是，高度超过1000千米的轨道的价值并不明显，但20 000千米高度的轨道和静止轨道的价值依然很高。

两个物体不可能同时在同一条轨道运行，不然就会相撞。随着近地轨道越发拥挤，轨道"空位"越发稀缺。但是，近地轨道不属于任何一个国家。地球上的警察不会阻止任何人将卫星发射进入太空轨道。按照奥斯特罗姆的理论，近地轨道符合公共资源的定义，只不过它的范围涵盖全球。这一逻辑也适用于包括小行星和月球在内的其他太空资源。

奥斯特罗姆和麦金尼斯认为，他们对于地区性公共资源的研究，也是研究全球公共空间的出发点。这将节约大量的研究时间。相较于从头开始研究，他们开始探索国际公共资源和地区性公共资源之间的异同点。近地轨道可能是一种公共资源，但是它和其他国际公共资源相比，有自己的特殊性和挑战性。

最后，奥斯特罗姆和麦金尼斯认为，有些国际问题源自地区层面上的糟糕的解决方案。对于热带地区的雨林退化、生物多样性丧失和全球气候变化来说，情况确实如此。这与太空公共资源之间的联系尚不明确。就目前而言，太空是少数富裕国家和大企业的领地。

但是，奥斯特罗姆对于将地区公共资源延伸到全球性挑战还是保持着很谨慎的态度。毕竟，是哈丁关于公用草场的比喻才开始了这一切的研究。有些社区即使人数很少，也无法保证公共资源的可持续发展。当你面对的是有着几亿使用者的公共资源时，又会发生什么呢？

奥斯特罗姆和她的同事冷静地评估各种证据。他们确认了国际公共资源存在的几大挑战。第一个是她所谓的"比例问题"。正如成年人不单单是体型更大的人，国际公共资源也不单纯是放大的地区公共资源。成年人和儿童的生理特征并不相同。即便是加大剂量，对儿童有效的疗法也不一定适用于成年人。同理，管理地区公共资源的方法不一定适用于国际公共资源。参与方越多，对某种公共资源的管理就越复杂。70亿参与者对于管理者来说几乎难以想象。如果将国家当作资源使用者，那么这个挑战还是可以处理的。

在处理一种地区性公共资源的时候，居民通常使用同一种语言，同属一个民族，收入水平类似，其他特征也没有差别。这些因素并非可持续化管理公共资源的必要元素，但有助于人民了解彼此的困境。从另一个方面来看，这个世界是极度多元化的。人们使用各种语言，政治意见各不相同，收入水平也不一样。这种多样性让我们的世界变成了一个值得去探索和庆贺的地方，但这确实为管理国际公共资源增加了挑战。

奥斯特罗姆还注意到了其他方面，比如科技、移民和经济发展处于快速变化之中。这些快速变化的因素正在以一种我们并不完全理解的方式影响着国际公共资源。在太空之中，轨道中的物体数量持续增长。我们已经超过了凯斯勒综合症链式反应的极限。

遵守国际条约或者协定，到头来都是一种自主性的行为。鉴于"没人想当笨蛋"，在管理国际公共资源的规则上达成一致就显得非常重要了。这些因素让制定管理全球公共资源和执行严格的规定变得非常困难。

"能让我们做实验的地方只有一个地球。"奥斯特罗姆写道。这可能是国际公共资源和地方性公共资源之间最大的差别。从地方层面来说，社群可以实验各种规定或者执行机制。人们可以从其他人的成败之中学习。但是，地球是我们唯一的家园。对于可持续地维护全球公共资源来说，我们只有一次机会。

"这些新挑战正在逐步削弱我们从过去和现在成功管理的例子中建立起来的解决未来公共资源问题的信心。"奥斯特罗姆和她的同事写道，"但是，成功的公共资源管理案例为我们提供了解决问题的良好出发点。"

奥斯特罗姆写道，为了克服这些挑战并维护国际公共资源，"需要和过去相比更为宽泛深刻的交流、信息和信任。"

奥斯特罗姆为我们提供了应对这些全球挑战的工具，但必须由我们自己来解决问题。

●   ●   ●

多年以来，美国多任政府对于将太空当作国际公共空间这一观点都秉承明确的态度：太空不是国际公共空间。最起码律师们是这么说的。

从法律的角度来说，美国从没有承认外层空间或者太空资源是一种国际公共空间。不论是民主党还是共和党政府，都拒绝从法律层面承认外层空间是国际公共空间。斯科特·佩斯（Scott Pace），作为美国国家太空委员会的执行秘书，明确地说明了对于将太空看作国际公共空间的看法。

最后，你们很多人以前听我说过类似的话，但是有必要在此重复一遍：外层空间不是"国际公共空间"，不是"人类共同遗产"，不是"共有物"，也不是公共财产。这些概念都不属于《外层空间条约》，而美国一直以来也不认为这些概念可以用于描述外层空间的法律地位。

一位在美国国务院处理国际空间法的顾问，曾经和我讨论过太空公共空间的背景。他提出了美国和其他政府拒绝将太空视为国际公共空间的原因。

他说："一方面是法律原因，《外层空间条约》里没有用到国际公共空间这个词。"第二个原因则解释了公共这个词是如何被曲解的。"我们不认为公共空间这个概念非常有用，因为这对许多人来说有很多种含义。"

《外层空间条约》对于太空政策来说是《大宪章》级别的存在。自1967年通过以来，这个条约确立了参与太空活动的国家的权利和责任。包括美国在内的一百多个国家都认可了这个条约。

"当你在看太空条约的时候，就没找到过公共空间几个字。"亨利·赫兹菲尔德（Henry Hertzfeld）在一次采访中对我说道。赫兹菲尔德在乔治·华盛顿大学负责太空政策学院。"但是，他们的目标是在处理外层空间事务时，能找到各国所面对的各种共同问题和事务的解决方案，注意，这里说的是国家而不是个人……这不是针对无政府主义的讨论，也不是关于规则或者政府。这是在我们的地球上，寻找处理公共空间问题的通用办法。"

赫兹菲尔德就条约的用语提出了一些指导意见。"要注意《外层空间条约》的全名。"这部条约的全名是《各国探测及使用外层空间包括月球与其他天体之活动所应遵守原则的条约》。所以，人们将其简称为《外层空间条约》。

赫兹菲尔德说："这不是一部关于外太空的条约。这是关于人类如何探索和使用太空的条约。"就像吉姆·艾奇逊对自己在研究渔业时所说的那样，"你不是在管理鱼，你是在管理人。"赫兹菲尔德认为，我们不是在管理太空，我们是在管理人。（图8-1）

图8-1　亨利·赫兹菲尔德负责乔治·华盛顿大学的太空政策学院

图片来源：埃里克·诺德曼

正如条约名字所说明的那样，《外层空间条约》确定了探索和使用太空的基本原则，并没有将太空定义为一种自然资源。恰恰相反，它将太空和天体界定为可供开发和利用的东西。条约的第一条是这样写的：

探索和利用外层空间应为所有国家谋福利和利益；一切国

家都可以不受歧视地、平等地、自由地进行外太空活动。

根据条约，外层空间的开发和探索是为了全人类的福祉，而不是为了太空。这是一个非常重要的区别。条约从没有明确说明哪种外太空资源是公共资源、私产或其他什么东西。它只规定了资源的使用方式。

奥斯特罗姆用一个明确的技术术语来定义公共资源——可减去（或"有竞争性"）且非排斥性的资源。但是，并不是所有人都知道，或者使用这种技术术语，这种情况在只使用"公共资源"的简称的时候，就显得更为明显。在非技术文件中，有些人可能认为，所谓的公共资源，指的是所有人都可以使用，但是没人宣称对其的所有权。其他人认为，这个名词代表着对某种资源的共同所有权，又或者因为从某种公共资源中获益而负有道德或者伦理上的责任。对于一个词有这么多解释，怪不得律师都在努力回避这一话题。

　　　　●　　　　●　　　　●

"太空，最后的边疆。以下是星舰企业号的航程。"这是《星际迷航》的开场词，它激发了美国开拓边疆精神最乐观的一面。神秘的地区提供了大量的资源和自由空间。对于弗雷德里克·杰克逊·特纳（Frederick Jackson Turner）这样的19世纪学者来说，神秘边疆就是美国独特性格的来源，"那种无情而焦躁的能量，不论善与恶，个人主义都占据了主导地位。"而在这边疆之地，遍地都是邪恶。在一个多世纪的时间里，美国一直在对美洲大陆原住民进行种族灭绝。美国旧西部的村镇都是充斥着枪手和骗子的不法之地。这里变成了梦想和噩梦的结合体。

在《星际迷航》的乌托邦化的世界里，太空是用于和平探索的，原作的设定就是"寻找新的生命和文明"。这种愿景代表了太空中没有战争、商业和大集团操控。很多美国科学家、工程师和太空爱好者都赞同这种愿景，这种情况在二十世纪六七十年代太空政策的"黄金时代"更为明显。实际上，这种观点风靡一时，以至于福特总统指示美国航空航天局将太空船原型机改名为企业号。

并不是所有人都接受了《星际迷航》乌托邦式的愿景。太空政策专家布莱恩·维顿认为，有些自由派将太空当作某种新式乌托邦。维顿说，一些自由派"将外太空看作最后一片可供逃避的地方，你在那里不必在意法规、税收和其他类似的东西。"这是一种不受政府繁文缛节影响的创新。想想埃隆·马斯克和太空探索技术公司的X计划，你就明白了。

这两种极端的设想，或多或少和加勒特·哈丁对于管理公共资源的解决方案——政府管理或者私有化相重合。在《星际迷航》的世界观下，一个强大的中央政府扮演着主导性的角色，负责给太空探索制定规定，提供经费。国家政府可能将一部分主权交给国家官僚，以此监督资源的使用。在自由派看来，太空的私有化可以让企业家们创新并赚取利润。这就像是1849年的淘金热，大企业将争先恐后地占领富含矿物的小行星和其他资源。政府的角色仅限于确保私有财产拥有者对资源的所有权。

维顿说，几十年来关于太空政策的争论都在这两极之间摇摆。政府和商界通过合作，共同将太空资源作为一种公共资源进行管理，无疑是一件希望渺茫的事情。维顿一直希望能找到一种办法，让极端的双方能够合作。奥斯特罗姆的设计原则帮助他找到了方法。

"我邂逅奥斯特罗姆，我和她在很长一段时间内都在讨论太空管理，太空的商业化和其他方面是我们关注的重点。我看到奥斯特罗姆的研究成果，我觉得那是将双方联系到一起的好办法。"他继续说道，"我觉得延续到今天的辩论和对话，她的研究成果已经成为其中的一部分。"

太空政策的"黄金时代"始于1976年的《外层空间条约》，终于1984年启用的《月球协定》。在这段时期里，又通过了三个太空协议。其中包括救援被困的宇航员，确定碰撞和其他事故的责任，以及记录所有发射进入太空的物体。美国签署了除了《月球协定》之外的所有协定。

不只是美国认为《月球协定》是个大麻烦。其他太空大国——美国、俄罗斯等都没有签署这份协定。这些太空超级大国对于《月球协定》中关于自然资源的部分无法达成一致。它使用了和《外层空间条约》不一样的描述。正如我们所见的那样，术语让律师们感到紧张。

《外层空间条约》从没有对外太空产权制度进行定义。条约中没有出现公共空间、公共财产或者公共资源这样的词语。条约中确实提到"各国不得通过主权要求、使用或占领等方法以及其他任何措施，把外层空间（包括月球和其他天体）据为己有"。举例来说，一个国家不能将月球，或者月球表面的一部分作为自己的领土。但是，一个私人公司能否将一颗小行星据为己有？条约并没有说明。

相较于《外层空间条约》，《月球协定》对于月球资源的管理做了进一步的说明。它明确了"月球和月球自然资源都是人类共同遗产。"协定明确说明，月球的自然资源"不属于任何一个国家、国际政府或者非政府组织、政府或者非政府实体以及任何自然人。"应当由一个国际机制来管理月球资源的开发利用。这个管理方应当监督资源的合理管理和利益的平等分配。

一名美国国务院官员提出了一种更为有限，但对于商业更为友好的太空政策。"美国有兴趣制定一套透明、可预测且对工业持友好态度的框架，这有利于美国和其他和我们对外太空有着一致意见的国家。"这位官员认为，如果我们想在近地轨道之外的空间维持长期存在，"就必须利用外太空资源"。如果《月球协定》限制了月球资源的商业化运作，那么未来的探索就不太可能成为现实。

以《月球协定》为代表的"大政府"式管理办法管理太空公共资源并不可行。美国和其他太空大国都反对这一点。虽然商业太空活动发展势头强劲，国家政府依然扮演着一个重要角色。世界还没有做好准备以完全私有化，以市场为基础进入太空。这就给我们制造了一个中间地带，政府、商界和规模不一的非政府组织需要共同管理外太空。

如果它看起来像个鸭子，游起来像个鸭子，叫起来也像个鸭子，那它可能就是个鸭子。

如果律师和外交官没有将外太空定义为公共空间，从技术角度来说，外太空依然带有公共资源的一些特征。奥斯特罗姆关于管理国际和地区公共资源的理念，对于特定公共资源来说还是有实际意义的。

太空政策专家布莱恩·维顿和同事蒂芙尼·周（Tiffany Chow）都认为，将太空描述为一种"国际公共空间"作用不大。太空中的许多资源可能需要多种产权制度。一个人最少可以想到太空中的四种公共资源。首当其冲的就是近地轨道，第二种就是包括小行星和月球资源在内的太空资源。第三种是卫星依靠特定的频率和地面接收站保持联系，所以，不论是在地球还是太空，无线电频率也是一种公共资源。最后一种，一些气象和通信卫星停留在所谓的同步轨道上。这些同步轨道高于近地轨道，可以认为是一种特殊的公共资源。

"我认为，在外层空间中存在几种经济区类型。"维顿对我说，"虽然我的看法在其他人看起来有些特别，但是我认为在未来，私有权在太空中会有一席之地。有些东西在未来会变成国际公共资源。而有些东西则会变成地区公共资源。我们对于太空的辩论就印证了这种趋势。"

根据维顿的说法，这种挑战在于"我们缺乏一个切实可行的管理太空的框架。我们有概述广泛原则的条约，其他的一切都是国家惯例，缺乏法规汇编。所以我查阅了奥斯特罗姆的研究成果，这对这种讨论也有所帮助。"奥斯特罗姆的理念可能就是他所寻找的工具。

奥斯特罗姆八大设计原则大部分都可以应用于管理近地轨道。为了保证一种公共资源的可持续性，我们需要监控资源，而监控人员应当对资源使用者负责。

维顿解释说："空间态势感知显得非常重要。它指的是对于太空环境和太空活动的了解。这通常是由监控太空垃圾和卫星的地面雷达和望远镜提供。"

空间态势感知需要大量的技术投入。它也有类似于灯塔这样的"公共物资"的特性，当船发现灯塔信标的时候，信标并不会因此而耗尽，但是你也不能让船长花钱去使用灯塔。商业化的灯塔是不可能赚钱的。所以，通常是政府负责建造和运营。空间态势感知系统就像是卫星的灯塔，而美国政府是主要的太空管理人。

　　但是，韦登认为，"在过去十多年里已经发生了很大的变化。以前主要是由美军和其他国家军方参与，现在则是由许多国家和商界主持。"

　　像LEOLabs①这样的公司，正在建立商用的监控系统。理论上来说，和美国政府相比，这些公司可以更快更省钱地打造这种系统，并向其他政府出售这种服务。美国政府依然会负责太空灯塔业务，但会将日常行动进行外包处理。

　　维顿对我说："没人会说，'我们这么做是因为奥斯特罗姆的设计原则是这样的。'但从我们自己这方面来说，这进一步肯定了我们应当进一步推动空间态势感知计划，支持一些关于管理的讨论。"

　　根据这位美国国务院官员的说法，美国的政策是确保国际社会支持负责任的太空活动。那位官员说："国际支持是非常重要的，因为太空是所有人的太空。"避免一个国家违反这些规定的最佳方式，就是"国际社会的共同呼声和类似这样的公开羞辱，'你到底在想什么？你要把事情搞砸啦'"。

　　太空政策专家亨利·赫兹菲尔德表达了同样的不满。"为这可开了不少会，还有好多论文没写。我还想说：'你是个坏孩子或者坏人。'他们可不能再这么干了。但是，他们和印度一样，都达成了自己的目标。而其他国家也有可能会采取类似

① 一家科技企业，专门研究近地轨道中的漂浮物和碎片。

的行动。"

根据赫兹菲尔德所说，他们这么做，是为了"在牌桌上获得筹码"。摧毁一颗自己的卫星，等于发出了一个很强烈的信号，那就是，如果一个国家可以摧毁自己的一颗故障卫星，当然也可以摧毁敌国的装备。

《外层空间条约》和其他相关条文限制了太空武器化。但是太空中的很多设备都可作军民两用。举例来说，一颗卫星可以用来监控威胁家园的森林大火，也可以用来监视军队动向。同样地，卫星变轨可能是正常行动，也有可能是在展示军事实力。太空条约的历史和国家安全以及冷战的军备竞赛有着密不可分的关系。冷战在几十年前就已经结束了，但是今天的太空竞赛可能更加具有挑战性。现在没有两强争霸，美国、俄罗斯、印度和其他国家不仅都想"争夺桌边的座位"，还决定了菜单上都有些什么。

第三条主要原则是，资源使用者在规则制定方面应该有发言权。《外层空间条约》签订已经有50年，其中的条文由各个国家一起签订，为各个国家服务。各国可以在和平利用外层空间委员会讨论各种太空条约和规定。作为联合国制定规则的一个主体，和平利用外层空间委员会只限于成员国参加。但是，委员会已经放松了规定，商业太空公司也开始变得越发重要。

"奥斯特罗姆的设计原则在某种程度上也是在强调，商界和民间在关于管理的讨论上，应当具有更大的发言权。"维顿说。

正如奥斯特罗姆所暗示的那样，将受规则制定所影响的商业航天领域引入规则制定的谈判桌，可以制定出更好的规则。当联合国和平利用外层空间委员会让太空企业参与规则制定的时候，企业主们感到他们成为规则制定流程中的一部分，他们的担忧不再无人问津。美国国务院的官员说，航天业界"感觉自己不再是不断缩减自己的计划。"但很明显的是，不再是只有各国政府才能想出好主意。"他们取得的成就，甚至比我们在政府层面上推动的还要好。'你看，这才是咱们该做的。'"

太空是一个很复杂的地方。美国政府和其他国家政府都强调，从法律层面上来说，太空并不是国际公共空间。但太空到底是什么呢？美国政府还没有给出一个合理的定义。但到目前为止，太空中的各种物体，不论是轨道还是小行星，都展现出了国际公共资源和地区公共资源的特性。奥斯特罗姆的理念和分析框架可以帮助我们作出更好的决定，保护这些重要的资源。

●　　●　　●

奥斯特罗姆和文森特在安大略靠近休伦湖岸边的马尼图林岛上建起了一栋乡村小屋。文森特非常喜欢木工。建造小屋让他有机会练习木工技巧。夫妇二人用燃烧丙烷的炉子做饭，烧木头取暖。这间小屋包括一个厨房，二人睡在小屋的二层。他们设计并建造了两间书房，他们可以在互相陪伴的同时，不打扰彼此的工作。

四十年来，奥斯特罗姆夫妇每年春天都要从布卢明顿来到马尼图林岛。这间小屋是他们从繁忙的学校生活中脱身的休假之地，他们可以在这里集中精力写作、爬山和游泳，过上简单的生活。布卢明顿的同事会将手稿和其他东西寄给他们，奥斯特罗姆夫妇则会在当地的邮局接收这些包裹。

他们会在这里花上一周的时间审阅这些手稿。他们会在这里撰写新论文，奥斯特罗姆会用自己的打字机，而文森特则是用钢笔。然后，他们会把包裹寄回布卢明顿。在这个数字化的世界里，这是一套非常复古的系统。

如果凯斯勒综合症在夫妇二人还在岛上的时候，就摧毁了全球通信系统，那么他们也对此一无所知。但奥斯特罗姆一家的工作不会受到影响。（图8-2）

图8-2　文森特和奥斯特罗姆在马尼图林岛的小屋附近

图片来源：布卢明顿印第安纳大学，莉莱图书馆在晴朗的夜晚，文森特和奥斯特罗姆可以看到几千年来人类所见证的星空，那时候城市的灯光还没有将最明亮的星光吞没。银河横跨夜空。在黑暗的夜空中，用肉眼就能看到在轨道中运行的卫星。

马尼图林岛是世界上最大的淡水岛。这里偏僻而黑暗，是观星的好去处。岛的南面是布鲁斯半岛国家公园，是加拿大政府指定的夜空保护区。周围的城市宣布自己成为"夜空社区"。几十年来，夜空运动一直在力主治理光污染。城市居民享受着街灯带来的便利。奥斯特罗姆在20世纪70年代对于市政的研究也包含了对街道照明的研究。但是，照明不是没有代价的，这种代价可不是灯泡和电费。人们因为光污染而无法观赏夜空，而且其对野生动物也造成了严重的影响。举例来说，光污染可能会扰乱迁徙的候鸟和狩猎中的野生动物。光污染也会吞没星光，让天文学家们不得不在更加偏远的地方搭设望远镜。

天文学家选择在智利阿塔卡玛沙漠以南的安第斯山脉的山峰上建造几座世界上规模最大的天文望远镜。这里的空气干燥且干净。山脉远离智利的城市和街灯。全新的望远镜将搜索夜空，寻找最偏远天体的微小变化。这种改变可能是超新星爆炸，也有可能是向地球飞来的流星。

这种新型的污染干扰了一些天文学家的研究。而卫星也是这种新型污染的一部分。

太空探索技术公司向近地轨道发射了122颗小型卫星。在一个11月的夜晚，19颗该公司的卫星飞过了阿塔卡玛沙漠天文望远镜的镜头。这破坏了当天晚上的观测工作。这种情况已经很糟糕了，但情况还会继续恶化。公司计划再发射42 000颗卫星。

这些卫星是埃隆·马斯克（Elon Musk）设计的全球互联网计划的基础。这是私营太空行业的尖端科技。全人类都会从一个全球互联网计划中获益。而且根据当地官方官员的说法，此公司非常在意企业责任。这些卫星在设计上便于追踪，机动灵活。在测试确认运转正常之前，卫星都会停留在非常低的轨道上，只有通过测试的卫星才会进入永久轨道。

美国国务院官员将太空探索技术公司看作遵守企业责任的典范。她说："太空探索技术公司尝试保护自己的投资，希望确保自己投资的环境在未来的5年、10年甚至20年里都能安然无恙。"

在2020年7月，亚马逊公司获得联邦政府许可，可以发射自己由3200颗卫星组成的卫星星座。

奥斯特罗姆强调了国际公共空间的复杂性。没人可以预见太空探索技术公司的星链计划带来的巨大影响。关键问题在于，各个部门是否做好了应对前所未有的挑战的准备？它们是否足够灵活，能否适应变化？毕竟，正如创造这些部门的人类一样，它们也是有缺陷的。

正如莎士比亚所说："亲爱的勃鲁托斯，那错处并不在我们的命运，而在我们自己。"我们很快就会知道，我们是否能管理太空公共资源。

9

CHAPTER

第九章
数字世界的公共资源

伯勒尔·胡曼（Polar Humenn）的老式洗衣机坏了。他的父亲是一位电气工程师，所以胡曼对机械设备也了如指掌。在经过稍加调整之后，胡曼找到了问题：机械旋转控制装置出了问题。不幸的是，备用零件的价格超过了这台老式洗衣机的价格。但是，胡曼并没有灰心。他为一家地理空间技术公司编写软件。这台老式洗衣机为他提供了一场需要自己动手的有趣挑战。

可编程的微型处理器现在非常廉价，高校学生都可以用它组建并发射自己的立方体卫星。胡曼知道自己可以编程一个控制装置，修好自己的洗衣机。

"我让它控制一个数字显示器和洗衣机内部的其他转接装置。这样一来，我就可以控制洗衣机，比如说，让它转动两分钟，排出衣服中的水分。"他在一次采访中对我说，"这是个很有趣的项目，而且它成功了。"

胡曼完全可以到此为止。但作为一位电脑科学家，他也是一位免费开源软件的倡导者。像火狐浏览器和Linux操作系统这样的免费开源软件，是可以免费供所有人使用的，编程人员可以开放原始源代码，其他人可以做出调整和改进，增加新的功能，编程人员通过努力，不断改进这些程序。他们这么做完全不收取任何费用。

所以，当胡曼写完程序让洗衣机重新运转之后，他就在网上分享了这段代码。一些人甚至用这段代码修好了自己的洗衣机。胡曼并没有想用自己的代码改变世界。他只不过是解决了自己的一个问题。无数像胡曼这样的人每天都会遇到大大小小的问题，他们会编写各种代码解决问题，然后再分享这些代码。

这就是免费开源软件（FOSS）运动的核心。从经济的角度来说，FOSS代码是一种纯粹的公共财产，它没有竞争性，不会因为大规模的使用而枯竭，而且也没有排斥性。代码上传到类似GitHub这样的网站，任何人都可以下载和修改这些代码。常规经济理论认为，自由市场中缺乏这样的物资。毕竟，为什么要编写软件程序，然后免费送出这些代码呢？从表面来看，这非常不合理。

"一个人不会因为想参与一个计划，就会为这个计划而忙碌。"胡曼说，"这对于一个学生或者16岁的学生来说，情况确实如此。但是大多数人参与项目是为了盈利，或者以某种形式为公司盈利。"

胡曼为了修好洗衣机而编写了那段代码。其他程序员协力创造昂贵的有版权的软件的免费版本，这些免费软件每年可以为自己的公司节约几千块许可费用，而这些钱原本都是要付给微软这样的公司。况且，程序员可能喜欢这种挑战商业帝国的罗宾汉式行为。

程序员可以制作昂贵软件的免费版本尚且合理。但是，为什么要免费发放这些软件呢？为什么不将它们当作微软产品的廉价改进版替代品进行授权和出售呢？学者们运用奥斯特罗姆关于合作管理公用物资的理论来理解这种行动背后的动机。

数字世界的一切都和信息有关，谁生成了这些信息，谁就可以获取这些信息，这些信息是通过什么手段分享的。虽然奥斯特罗姆关注自然公共资源，她鼓励自己的同事用分析"公共资源困局"的办法来研究数字世界。新一代学者正在利用奥斯特罗姆开发的工具，研究信息公共空间、互联网治理和网络安全等全新领域。

●　　●　　●

解决问题和管理资源，需要信息的支持。有的时候，这些信息是高度机密，可能受到政府部门或者大公司的层层保护；还有的时候，这些信息来自公共领域，任何人都可以轻松地获取这些资源。而更多的信息来自这二者之间的中间地带，这可能是来自一本买来的书里的食谱，也有可能是你想和自己的牙医分享的医学知识。

安吉·雷蒙德（Angie Raymond）负责奥斯特罗姆研究工坊里关于数字和信息管理的项目。她对我说："我们想做的是，创造一种无须过度分享信息的信息分享能力。"

我们一直在生产和使用信息。我们每次使用信用卡或者在社交媒体上的点击，对于某些人来说都是重要的信息。但是，谁在控制这些数据？

在此，我们要讨论一下社交媒体巨头脸书（Facebook）公司。《问问你自己，谁在为脸书买单》的作者大卫·拉什科夫（David Rushkof）在2011年说："如果你不知道你使用的产品的客户是谁，那么你就不知道这种产品是什么。我们不是脸书的顾客，我们是产品。脸书把我们卖给了广告商。"

关于我们有多少数据——我们的口味、偏好、生日、职业和健康状况——允许脸书和其他人收集、分析和出售的问题，是非常重要的。在奥斯特罗姆的设计原则中，她认为受规则影响的人应该在规则制定上有发言权。这同样适用于我们的个人数据。雷蒙德继续说："这都是源自奥斯特罗姆的研究。这个想法的核心在于，建立一套数据生产方——个人——就数据的使用方式有发言权的系统。"

●　　●　　●

研究工坊的前任图书管理员夏洛特·赫斯（Charlotte Hess），见证了档案从纸质到数字化的转变。她的丈夫，杰拉尔德·伯恩博姆（Gerald Bernbom）负责印第安纳大学的信息技术研究和学术研究部门。在互联网出现之前，他们的研究领域是分开的，但到了20世纪90年代，互联网将他们的专业领域融合到了一起。他们在思考一个问题，"有哪些事情是图书管理员知道，但电脑科学家不知道的？"反之亦然。

"学校里没有人研究渠道和内容的交集。" 赫斯回忆道。

赫斯有文学和人类学背景，并没有学习过自然资源或者政治科学。"很好！"她还记得当时奥斯特罗姆所说的话。"有政治科学背景的人，可不会明白我们在干什么！" 赫斯在创立工坊图书馆并将之数字化的过程中，还在研究公共资源，她爱上了自己的工作，图书馆管理和自然资源管理之间的共同点，令赫斯感到印象深刻。图书馆是一个信息分享的源头，信息资源和自然资源一样，都可由制度规定和产权进行定义。奥斯特罗姆鼓励赫斯研究"渠道与内容的交集。"（图9-1）

图9-1　夏洛特·赫斯在奥斯特罗姆研究工坊的楼上建立了图书馆

图片来源：杰森·雷布兰多

和地下水、龙虾或者轨道位置等因素不同，信息可以一直被分享和处理。但是，储存信息的物理媒介——书籍、地图、电脑文件和其他类似的材料，是可以被消耗且具有排斥性的。如复印件、图书馆互借计划和数字媒体这样的技术创新，让知识公共资源变得更加复杂。

对于限制性产权让个人和公司可以限制知识类公共资源这件事，赫斯和奥斯特罗姆都对此表示了担忧。举例来说，大公司和原住民社区一直在争夺在数字时代之前保持开放的知识产权，类比时代的纠纷预测到了我们今天看到脸书的"封闭花园"和《纽约时报》的支付墙。这种情况非常严峻。"这就导致了一种猜测，即学术领域作为一个博学而民主的团体，其作为基础的记录可能岌岌可危了。"

产生新知识和管理这些记录的人已经制定了全新的规定，以此来管理这些知识公共资源。科学家有的时候会通过在类似arvix.org或者奥斯特罗姆研究工坊的公共资源数字博物馆（https://dlc.dlib.indiana.edu/），发布自己论文的非官方"预印"版，希望以此来规避出版方的付费墙。由于没有期刊的认可章，免费版的权威性和可信度要低于官方版。所以，学者和信息专家还在共同研究协调政策，将这些知识类公共资源制度的益处最大化。

●　　　　●　　　　●

一些软件开发商对代码也持类似的态度。举例来说，程序员理查德·斯托曼（Richard Stallman）在20世纪80年代创建了GNU系统，以此替代付费使用的UNIX操作系统。斯托曼并不是单纯地完成GNU系统，然后分享代码。他为此创建了一个许可证。但是，这个许可证不是用来禁止非许可用户，GNU公用许可处却恰恰相反。任何使用GNU系统的人必须保证自己的程序也要免费——免费允许，免费学习和改动，免费分发。

所以，当一位名叫林纳斯·托沃兹（Linus Torvalds）用GNU创造了另一种替代UNIX的软件时，这个软件也必须免费。托沃兹将这个软件命名为Linux。在1991年软件发布之后，几千名程序员为Linux的系统的发展做出贡献。虽然Linux可能还没有达到家喻户晓的地步，Linux操作系统却为各种技术提供了支持。举例来说，当今众多智能手机使用的安卓系统，都是以Linux系统为基础。

共同财产制度可能是以市场为基础的私有化体系和政府管控之外的替代方案。同理，FOSS系统也有可能是处理信息资源的替代方案。但FOSS就像是其他纯公共物资，FOSS代码也有可能遭遇"搭顺风车"的问题。软件就像是一座花园，需要维护和耕种。一个有用的程序，也需要定期更新，才能符合不断进化的标准和新版本的操作系统。想要保证长期的繁荣，就需要园丁的养护。

如果没人维护软件，会发生什么呢？查尔斯·史韦克（Charles Schweik）和罗伯特·英格丽士（Robert English）写道："如果缺乏足够的人员继续开发和维护软件，就会出现公共资源的悲剧，到最后这个软件项目就会被放弃。"因此，在维护软件这件事上，制度扮演着重要的角色。史韦克和英格丽士发现，奥斯特罗姆对于管理公共资源的制度和规定的看法，也可以用于FOSS系统的管理。这些理念也可以用于诸如分布式拒绝服务类的联合网络攻击。

来自奥斯特罗姆研究工坊的安吉·雷蒙德（Angie Raymond），解释了私有化是如何破坏FOSS产品的。"有人想到个好主意，我在开源世界里可以复制粘贴开源代码，然后加上一些自己的特色。然后我就可以公开售卖这个软件，通过稍加包装，就可以进入商界。"雷蒙德说，开源软件之所以有效，是因为开源社区可以继续坚持开源的价值观。

奥斯特罗姆经常说，"没人想当笨蛋。"有证据显示，大家是乐于贡献自己的时间和专业知识，坚持维护知识公共资源，为公众利益做出贡献。人们会为美国航天航空局记录分类火星的撞击坑或者计算极地冰原上的企鹅；但是，没人会主动为盈利性公司修补程序漏洞。法学专家约柴·本克勒（Yochai Benkler）推测，FOSS和类似的项目在项目扩散方面具有一定优势。但从另一个方面来说，以营利为目的的编程可能被低估了。本克勒写道："完全可以想象到免费软件开发社区，给那些以营利为目的的编程人员增添了不好的影响。"

编程人员可能会因为各种各样的原因，免费分享自己的代码。如伯勒尔·胡曼这样的人，只不过是想修好坏掉的洗衣机。分享代码是自愿行为，但是这不包含任何成本。有些人喜欢分享编写代码过程中的创意成分，这就像是YouTube上的业余音乐家的表演。胡曼注意到，还有些人编写和编辑FOSS代码是为了声誉，雇主会调查竞聘人员是否在电脑领域有活跃的表现，参与解决编程问题。有人可以靠编写FOSS代码养活自己，软件本身可能是免费的、开源的，但是代码不是自己写的。公司为优秀的程序员支付丰厚的报酬。"共享生产工艺资源"并非那么不可想象。

大型合作FOSS项目不一定需要过多的管理构架，因为电脑项目带有模块化的性质。和写小说不一样，编写软件程序需要很多组代码互相嵌套在一起。这一组组代码可以再分解为更小的单位。志愿者可以选择一组代码进行编程或者修改。如果任务足够小，比如说在一两个小时内完成，那么大家就可能在没有补偿或者监督的情况下完成工作。而志愿者也会发现代码中的错误。"林纳斯法则"（为了纪念林纳斯·托沃兹）认为"只要检查的人足够多，错误就很少了。"庞大而复杂的计算机项目可以吸引几千志愿者创造简单的代码，而这些复杂的代码就可以组成一个复杂的系统。

FOSS社区的组织和制度构架，将奥斯特罗姆的研究和制度经济学家的研究联系在了一起。在20世纪30年代，罗纳德·科斯试图弄明白，为什么有时候人们会成立公司生产商品，有的时候却将生产环节外包。简单来说，只要在自己生产的成本低于从市场购买的价格，就会继续组织生产。但是，公司不会依赖于内部市场。公司没有采用市场价，而是按管理结构分配资源。奥利弗·威廉森和奥斯特罗姆共同获得了诺贝尔经济学奖，他基于科斯的理论扩展了关于公司的理论。

通常来说，公司在面对公司外部的供应商或者公司内部的管理人员时，会使用市场价分配生产资源。但是，共享生产模式提供了另一种资源分配模式，这种模式非常适合类似软件这样的知识产品。约柴·本克勒写道："信息产品的广泛传播模式，可以更好地识别哪些人的能力和时间，适宜在某一时间区间内处理某一计划的某一部分。"正如奥斯特罗姆的理念所代表的第三种管理自然公共资源的方法一样，她的理念解释了人们如何不在市场——公司两分天下的情况下，在知识公共资源领域合作。

●　　　●　　　●

在20世纪90年代，软件领域出现了共享生产模式，这被称之为知识的共同生产。奥斯特罗姆在1996年写道："所谓共同生产，我指的是不属于同一社区的个人一起生产一种产品或者提供某种服务的过程。"

政府机构通常提供公共商品和服务（无竞争性和排斥性）。使用这些商品和服务的人通常被描述为客户，在这个模式中，客户被动接受政府部门提供的商品和服务。举例来说，美国国家气象局向他们的客户，也就是美国大众提供天气预报。

但是，奥斯特罗姆和她的同事展示了这个理念的简单本质。奥斯特罗姆认为，共同生产"意味着公民可以在那些对自己造成影响的公共商品和服务的生产中扮演积极的角色。"即便是美国国家气象局也需要志愿者提交当地的气象观测数据。

在20世纪70年代，奥斯特罗姆和同事研究了警察部门，奥斯特罗姆总结出了共同生产的理论。在那段时期，各个城市将自己的警察部门和其他服务部门集中起来，以达到规模效益。但是，奥斯特罗姆和同事却发现这种集中管理的好处不多。集中的警力和规模更小的单位相比，无法提供更好、更合理或者成本更低的服务。起码在个别案例中，独立的社区可以和规模更小的警局建立更多正式或者非正式的联系，以此施加更多的影响力。研究团队总结道，"警察力量包含小规模的地区的部门和大规模的全市级部门，二者合作可以有效解决在大片城区内提供警务服务的问题。"

换言之，公共安全并不完全是警察部门的工作。公共安全不是政府施加于社区之上，而是由公民和警察部门共同创造的。

当然，奥斯特罗姆还提出警告，共同生产并不是万能解药。有的时候，政府规定和市场可能是更为合理的提供服务的渠道。但是，她的工作确实支持了这么一个观点，即共同生产在某些条件下是有益的。当政府部门和公民合作的时候，共同生产的效果最好。在某些案例中，公民可能没有参与共同生产的法定权力。在他们确实拥有这种法定权力的时候，政府部门和公民必须相互合作，让共同生产达到最佳效果。各种激励措施可以促进长期的共同生产。

一个深入而有意为之的共同生产可能无法一直在各个方面都保持优势。但是，各种解决方案不太可能解决所有问题，也不太可能什么问题都解决不了。对于奥斯特罗姆的批评，有些观点显得极端。"鉴于我认为市场和政府之间的隔阂，或者政府和社会之间的隔阂，是围绕人类制度进行研究的各个学科之间过于僵硬的分类，我能被当作是个极端派也不算是个坏事。如果试图移除各个学科之间人为竖起的高墙，属于冒犯了别人，那对于侵犯他人财产归属感感到很抱歉。"

某种程度上的共同生产是不可避免的。她写道，"如果没有政府部门提供的公共商品，那么市场是无法存续的。没有公民的参与，政府也不可能保证效率和公平。相较于在学科领域内进行思考，合作的效果更为明显。"

●　　●　　●

在诺贝尔奖获奖发言中，奥斯特罗姆称各位学者"正慢慢从简单的体系向更为复杂的体系框架、理论和模型转变，以此解决人类在当今社会中面对的各种问题。"

在奥斯特罗姆看来，系统性思考对于科学家非常重要。一个系统是"各种事物——人、细胞、分子或者其他任何东西相互衔接，随着时间的推移形成的独特模式。"奥斯特罗姆将自己研究过的，使用自然资源的社群称为"社会生态系统。"社群包括人和自然资源。大多数科学家都专精于某些方面。他们可能是社会系统或者生态系统的专家，但没有做到同时精通两个方面。但奥斯特罗姆将社会——生态系统看作一个相互联系的整体，一个复杂的系统。

奥斯特罗姆和同事在收集了几千个案例之后，发现这些社会——生态系统有自己的行为模式。成功管理公共资源的社群都有类似的特征，奥斯特罗姆将其归纳为八大设计原则。大多数时候，人们并不会坐下来，有意识地编纂出这些原则，这些设计原则是在长期的行动中总结出来的，各个社群保留了有效的原则，排除了无效的原则。社群成员依赖反馈循环，来自采集器和监控器的信息，如灌溉需要多少水，这个季节捕获了多少龙虾等。成功的社区可以相互交流资源的状态，这些社群还可以通过规则和资源的状态决定成员的资源使用权。

控制和沟通。奥斯特罗姆的八大设计原则都可以归入这些分类中。有些原则决定了谁可以使用资源，谁可以干预边界和修订使用权的规定。其他原则将规则和资源的状态联系起来，比如如何处罚违规人员和监控资源状态的流程。

控制和沟通的概念可谓是系统性思考的基础。实际上，这些概念成了一套复杂的适应性系统理论的基础，奥斯特罗姆在社会生态系统中使用了这一理论。这些术语的科学基础最终导向了互联网——控制论。

●　　●　　●

工具和复杂的机械可以看作是人类身体的延伸。伊卡洛斯神秘的蜡制翅膀让他短暂地飞了起来、伽利略的望远镜让天文学家看得更远、二战各方都需要更强大的机器强化士兵的战斗力，当飞机越飞越快，越飞越高，地面上的士兵无法及时计算防空武器的弹道，他们需要的是可以在敌人飞机周围爆炸的弹药，而不是直接命中再爆炸的弹药。所以军方工程师将这个流程自动化，而自动化需要两个要素：控制和沟通。

工程师设计了一套系统，可以接收靠近飞机的信息，自动计算飞机的当前速度和位置，计算未来可能的位置，然后开火。这种特制的弹药内部装有小型的无线电接收器，他可以将信息发回后方基地，由士兵决定何时引爆。防空炮和弹药相互交流。这种新型武器用控制和沟通闭合了信息回路。

麻省理工学院的数学家诺伯特·维纳（Norbert Wiener），也参与了防空火力自动化的研究。但是，他借此机会，让自己成为一位改变艺术和科学发展道路的公共知识分子。

在二战期间以及之后的岁月里，维纳定期组织来自各个学科的科学家，讨论自己的研究。他和同事们"认识到围绕沟通、控制和统计力学的一系列问题，不论这是关于机械还是活物……我们将整个控制和沟通理论称为控制论。这个词来自希腊语χυβερνήτης，意思是舵手。"这个希腊词语的动词形式是kybernan，指的是掌控或者管理。

维纳在1948年所著的《控制论：关于在动物和机器中控制和通信的科学》竟出乎预料地成为畅销书。而源自控制论一词的赛博二字，在今天也变得非常普遍。

这个希腊词语，意为管理。如果公共资源和资源使用者形成一个社会生态系统，那么根据控制论理论，管理这套系统需要信息、反馈和一系列规则或者制度。奥斯特罗姆从政治科学角度也得出了同样的结论，而维纳这是从工程角度得出了这样的结果。

在20世纪50年代，奥地利籍生物学家路德维希·冯·贝塔朗菲（Ludwig von Bertalanffy）将控制论扩展到了能量的流动和储存，以及我们周围的物质上。一位朋友将他称为"最具有战略思维的思想家，可以突破各个专业之间的交汇点，以其他专家无法做到的方式找到真相。"（这对奥斯特罗姆而言可能也是如此。）他认为自己的"一般系统理论"可以作为主导科学的简化法的替代品。相较于专业化，一般系统理论鼓励科学家将各个系统结合起来。

控制论关注科技。冯·贝塔朗菲担心，这种技术型手段可能导致"人的贬值"和一场"向着技术官僚社会的跃进。"他希望一般系统理论可以将社会和自然科学结合起来，他将这称之为"人文关怀。"

冯·贝塔朗菲既提供了一种进一步了解我们世界的希望，又提供了一种对控制论反乌托邦式的展望，后者在几十年中一直在为科幻界提供灵感。曼弗雷德·克纳斯（Manfred Clynes）和纳桑·克莱恩（Nathan Kline）在1960年创造出了"赛博格"一词，以此描述一种为了在太空中生存，而用科技改造自己的生物。这个词后来用于描述所有带有机器人和人类特征的角色，包括《星际迷航》中的博格人和终结者。在威廉·吉布斯1984的小说《神经漫游者》用赛博空间一词描述由无数联网电脑刽造出的数字空间。吉布斯赛博空间的"交感幻觉"可以让人进入其中，躲避残酷现实，这直接影响了沃卓斯基姐妹的《黑客帝国》系列电影。在《黑客帝国》中，我们周围的世界不过是赛博空间的幻影。真正的世界被机器控制，数十亿人被计算机连接在一起，为机器提供能量。

到了20世纪90年代，跨学科科学家将一般系统理论扩展到了进化。"复杂适应系统理论"让奥斯特罗姆这样的科学家可以试验系统在各种元素的影响下是如何做出改变的。她写道，"复杂适应系统为我们提供了个人应对生物物理世界中的各种环境的观点，包括和个人互动的各种规则和社群。"

奥斯特罗姆关注生物和物理世界中的复杂适应系统。但是赛博空间——现实互联网的数字世界是什么样的呢？赛博空间已经不是科幻小说里的东西，它是一个复杂适应系统。互联网世界包含数百万个人、公司、非政府组织和政府部门，他们都在交换信息，这就是沟通。对于互联网的运作来说，控制这种沟通至关重要。控制信息可以让我们的购物、学习、约会和网络银行更安全。

奥斯特罗姆研究工坊的研究人员和与之有关的研究人员，利用奥斯特罗姆对于生物物理世界的研究成果，开始管理赛博空间的数字世界。

●　　　●　　　●

2019年，联邦调查局网络犯罪投诉中心收到超过45万起投诉，经济损失超过35亿美元。这个数字是2015年的3倍。投诉中心的年度报告写道："网络活动是一种终极团队活动。在我们流连于网络空间一起工作的同时，也在努力打造一个更为安全的网络空间。"

如果打造一个更为安全和和平的网络空间是"终极团队活动"，需要像联邦调查局所说的那样"合作"，那么奥斯特罗姆关于集体行动的理论可能就有用武之地。乍看之下，打击网络犯罪似乎和管理渔业或者森林公用地毫无关系。但是，系统性思维和共同生产可以解释公民、公司和政府部门如何通过合作保护重要信息，打造互联网安全环境。

"必须要说明一点，如果奥斯特罗姆发现工坊里有一个关于网络安全的项目，她肯定会大吃一惊。" 斯科特·沙克尔福德（Scott Shackelford）在一次采访中告诉我。"但是，如果我向她做了说明，那么她一定会理解甚至会批准这种从自己的研究中延伸出来的计划。"

沙克尔福德现在是奥斯特罗姆研究工坊的执行主管，在奥斯特罗姆和文森特去世几年之后，启动了一项关于网络安全和互联网管理的研究计划。一开始，工坊的部分部门对此持怀疑态度，不明白赛博空间和工坊长期关注的自然资源管理是如何联系起来的。沙克尔福德最终说服了他们。在沙克尔福德看来，赛博空间安全和互联网治理是在林业、渔业和其他各方面"几十年来的见解和争论的延伸。"这验证了奥斯特罗姆理论的"强大和韧性"，"在多年之后，他们将见证她的理论在各方面的应用。"（图9-2）

像沙克尔福德这样的学者，对互联网和赛博空间作出了明确的区分。互联网是有实体的。它是处理器、路由器、光纤和连接这个世界上所有电脑的硬件。而赛博空间是将所有空间连接起来的数字空间。人们通过浏览器和电子邮件这样的工具进入赛博空间。

图9-2　斯科特·沙克尔福德，2020年担任奥斯特罗姆研究工坊
的执行主管

图片来源：杰森·雷布兰多

支持互联网的物理通讯基础设施也是一种公共资源。作为隶属于奥斯特罗姆研究工坊的教授，印第安纳大学的芭芭拉·切里告诉我："美国政府一直按照《公路运输法》管理一些特定的通信服务，这也是一种公共资源管理。"这种管理手段也适用于当前美国国内关于网络中立性的讨论。奥斯特罗姆

研究工坊对于自然公共资源的经验，可能适用于管理互联网的实体构架。

互联网实体领域和赛博空间数字领域之间的区别，带来了两个挑战。第一就是如何管理互联网。电脑需要使用特定的标准协议，这样才能在互联网上分享信息。每一个设备都需要一个独特的标识，这就是互联网协议（IP）地址。互联网用户必须协调自己的行动，才能让这个系统保持运作。这种协调是互联网管理的基本任务。并不存在一个执行规定的国际环境，所有人都必须自愿遵守和执行一套规定，这套体系才能运作。这必须有利益相关方的构架才能执行，而这种利益相关方，就包括了根据埃莉诺·奥斯特罗姆的研究理论而发展出的互联网工程任务组。

第二个挑战与安全有关。早期互联网第一批连接起来的电脑都相对简单，速度缓慢，在网络中加密信息将会让系统变得更加缓慢。所以，早期的程序员决定不把加密作为互联网的默认功能。这些程序员还没有想到这个决定，会在50年后导致世界范围内的大规模盗窃身份信息和企业机密的网络犯罪。

沙克尔福德将互联网治理和赛博安全看作是奥斯特罗姆所谓的"公共资源的困局"的延伸。赛博空间和缺乏管理的国际公共资源之间有很多共同点。举例来说，有些产权的某些方面定义不明确，无法避免某些用户使用赛博空间资源；而某些赛博空间资源可以被耗尽，但其却不是从传统的物理层面上被耗尽的。可以加入新的网络和处理能力，而多少用户可以使用这种资源也是可以确定的。垃圾邮件可能塞满邮箱，恶意软件可能会挟持没有保护措施的电脑然后攻陷银行和其他企业的网站。

两名学者认为："这种网络资源的滥用可能会降低或者耗尽公众的信任——用户使用网络的意愿——这就像是过度使用可再生资源。"他们认为："相信互联网能够提供它所承诺的好处是赛博空间的终极公共资源。"

但是，和渔业或者林业资源不同，私人公司拥有绝大多数互联网物理基础设施。服务器和路由器的所有人，必须遵守设备所在国的法律，网络空间不断发展，新的网络不断出现。这种增长为黑客、罪犯和间谍发动攻击提供了空间。因此，沙克尔福德将赛博空间比喻为一种服从国内和国际法的政府部门和私人企业管理下的"伪公共资源。"

相较于传统公共资源，有些专家建议用政府政策管理互联网或者完全私有化，以此来解决"赛博空间公共资源的悲剧。" 但是，沙克尔福德认为，奥斯特罗姆的多方利益参与方和多级途径处理气候问题的理论，在应对互联网治理方面有重要的意义。"这就是运用这套理论来应对分布式和多中心治理的原因。奥斯特罗姆和文森特在很多方面的研究成果可以描述网络的运作方式，阐明多个层面都存在漏洞，并为我们指明了下一步该如何去做。"

在全球网络上协调行动的挑战，以及在各个设备层面做出的决定，在许多方面与应对全球气候变化的挑战存在很多共同点。奥斯特罗姆发现，以多中心化办法处理气候变化，也就是拥有多个权力和决策中心的模式，要好过单一的自上而下的政策。这种办法对于管理互联网来说可能也很有效果。

奥斯特罗姆总是强调"不存在万能药"，也就是说不存在解决复杂问题的简单解决方案。私人公司、政府部门和各国之间的差异，让互联网治理变得格外困难。沙克尔福德提出，管理赛博空间需要的是国家管理、私有化、公用财产治理和多中心治理之间的协同。

奥斯特罗姆的研究展现了经过精心设计的政策在某些情况下可以鼓励各个团体进行自我管理并解决问题。正如埃莉诺·奥斯特罗姆发现社群可以制定规则保证资源的可持续化，数字社区也可以采用类似的办法。对于沙克尔福德而言，从学术和实践层面而言，很有意思的一个挑战就是"研究哪些领域和社群建立起了优秀的规定。为什么有些区域在管控风险方面显得更成功，更有韧性？"

● ● ●

埃莉诺·奥斯特罗姆对于流行文化并不感兴趣，也对此知之甚少，她和文森特连电视都不看。夏天的时候，他们住在加拿大休伦湖边的小屋里，那里甚至连供电都没有。研究工坊的长期成员罗宾·汉弗莱还记得，在奥斯特罗姆获得诺贝尔奖之后，她的名字变成了电视问答节目《危险》的问题答案。研究工坊的员工对此非常兴奋，但奥斯特罗姆本人却不在乎，她完全不了解这个电视节目。

所以，奥斯特罗姆可能不知道自己的复杂适应性理论和《黑客帝国》系列电影之间的联系。沙克尔福德认为，研究工坊对于网络安全和数据管理的研究可能让她大吃一惊。因此，很难想象人们居然围绕奥斯特罗姆的理论建立起了一个管理数字公共资源的计划，但各种案例证明，人和制度确实很重要。不论面对何种资源，不论是实体资源还是数字资源，都存在一些广泛适用的原则。奥斯特罗姆的研究成果将自然科学和社会科学联系起来，她的同事通过展示现实世界和数字世界之间的共同点进一步推进了她的理论。奥斯特罗姆的理论相较于冯·贝塔朗非研究的"人文关怀"的跨学科科学，无疑是向前推进了一步。

安吉·雷蒙德对我说："在未来，奥斯特罗姆的影响将向技术领域拓展。我这可不是在骗你，因为这一切都是全新的局面！我花了很多时间向其他研究人员解释，我们还在研究知识公共资源到底是怎么回事。我们还在研究数字世界，正如奥斯特罗姆通过长时间研究自然资源才能总结出一套理论一样。"

数字公用空间是全新且令人兴奋的。雷蒙德说："对于研究数字公用空间，我们都还是婴儿！"

CHAPTER

10

第十章
为制度和创新生活而
设立的诺贝尔奖

　　诺贝尔基金会通常会在凌晨给获奖人打电话，给他们一个措手不及。奥斯特罗姆向来很早就起床。但是，当电话在2009年10月12号早上6点15分响起时，奥斯特罗姆却还在睡觉。"我起得很早，然后又回去睡觉了。"奥斯特罗姆在获奖之后，笑着对一位朋友说，"他们把我吵起来，我又回去睡觉了——我确实睡着了。"

　　诺贝尔基金会当天早上也给经济学家奥利弗·威廉森（Oliver Williamson）打了电话，他和奥斯特罗姆获得了同一个奖项。诺贝尔基金会和瑞典皇家科学院认可了他们在经济管理分析方面的成就。威廉森研究了公司的界限划分——为什么一个公司会自己处理一些工作，但会把其他工作外包出去。奥斯特罗姆研究了公共资源的自我管理。二人研究工作的共同点在于制度——负责管理的公司或者灌溉土地的规则——如何让人们在市场之外做出决定和分配资源。奥斯特罗姆和威廉森都属于"新制度经济"流派。

　　不少科学家对此表示震惊，有些人甚至对此表示不屑。《魔鬼经济学》的作者史蒂文·D.李维特（Steven D.Levitt）写道："经济学人士对于奥斯特罗姆获奖的厌恶，甚于共和党人

讨厌奥巴马获得诺贝尔和平奖。经济学家希望经济学奖是一个
属于经济学家的奖项……这个奖项变成了一个社会科学奖项，
而不是经济学奖项。我不是在暗示这是一件坏事……但我的同
僚可不会喜欢这种事。"

经济学家兼《纽约时报》的专栏作者保罗·克鲁曼（Paul
Krugman），他作为一位诺贝尔获奖者，虽然也不熟悉奥斯特
罗姆，但是认可她研究工作的价值。"我并不熟悉奥斯特罗姆
的研究，但粗看一下，你就明白她为什么能获奖：如果要了解
经济规则的制定，就必须明白制度存在的差异，各种不同的策
略都可以奏效，而不是单纯地划分个人和公司。"

虽然诺贝尔奖让一些经济学家措手不及，但对于像道格拉
斯·诺斯（Douglass North）这样对奥斯特罗姆非常了解的人来
说，诺贝尔基金会的安排非常合理。经济史学家诺斯，在1993
年获得了诺贝尔经济学奖，他和奥斯特罗姆、威廉森二人非常
熟络，相互之间以朋友相称。他认为，奥斯特罗姆"所做的工
作处于常规经济模型之外，我也毕生致力于此。所以，很多人
都对此表示不满。如果你也接受了传统经济学教育……你也会
对经济学模型之外的东西表示不屑，认为它是多余的、无关的
甚至是糟糕的经济学。我认为这种观点都是错误的。"

学术界青睐专业化。比较成功的学者都研究某一领域的
某一方面，就像是依赖特定某种花的花蜜才能生存的蝴蝶。所
以，很多经济学家对奥斯特罗姆的政治科学的不了解也就并不

奇怪了。

但是，政治学家们也不是很了解奥斯特罗姆。奥斯特罗姆没有研究竞选和政党，而是研究社群如何管理自然资源。她是通过实地调研做研究，而不是坐在办公室里。她独特的研究技巧影响了新一代研究贫困和经济发展的社会学家。奥斯特罗姆和各个领域的研究人员保持合作，这些学科包括人类学、生物学、林学和经济学。（图10-1）

在诺贝尔基金会认可奥斯特罗姆的成就之前，政治学界早就认可了她的独特成就。奥斯特罗姆成为美国政治科学协会和公共选择协会的主席。包括大学在内的众多组织曾对她进行嘉

图10-1　研究工坊的托克维尔会议室（取自《美国民主》的作者亚历克西斯·德·托克维尔）中展示了奥斯特罗姆和文森特职业生涯中获得的奖项

图片来源：杰森·雷布兰多

奖或授予她荣誉学位，其中就包括成为美国政治科学协会和公共选择学会成员和荣获美国国家科学院颁发的约翰·卡迪科学成就奖。1999年，奥斯特罗姆获得了瑞典乌普萨拉大学授予的约翰·斯凯特政治科学奖。很多人都认为约翰·斯凯特政治科学奖是政治经济学界的诺贝尔奖。

工坊的长期成员罗宾·汉弗莱（Robin Humphreys）告诉我，大家一直在悄悄地猜测未来的诺贝尔奖。他说："她赢得了社会科学界的很多奖项。她经常去瑞典。大家总是悄悄地说，'她可能会赢得诺贝尔奖，但咱们还是别继续这个话题了。'这就好像是一场无安打比赛——千万不要乌鸦嘴。"

吉姆·艾奇逊，作为一位和奥斯特罗姆展开过密切合作的人类学家，为奥斯特罗姆获得诺贝尔奖辩护。他在一次采访中对我说："她不仅影响了我，而且对所有资源管理感兴趣的人都造成了影响。她的影响力远超其他人，诺贝尔奖颁给她是实至名归，当然有些经济学家并不认可这一安排。"

在出现了62名男性获奖人之后，奥斯特罗姆是第一个获得诺贝尔经济学奖的女性获奖人。具有讽刺意味的是，洛杉矶大学经济学院多年之前，拒绝了奥斯特罗姆研究生学位的申请。学院当时不希望无法参与研究的学生破坏自己的名声。在获奖当天早上的第一个电话采访中，奥斯特罗姆说："我经历过以前的时代，那时候我以为自己可以念个研究生，但是想到自己只能在某个城市的大学里教书，就放弃了这个念头……哈哈，现在生活完全改变了！"

奥斯特罗姆成为社会学家的榜样，这一点对于女性来说尤为如此。诺贝尔基金会在10年后才给另一位女性科学家颁奖，她就是埃丝特·迪弗洛（同时获奖的还有阿比吉特·班纳吉和麦克尔·克里莫）。2019年12月，迪弗洛在斯德哥尔摩的诺贝尔奖晚宴上说："今天，我对当代妇女深感骄傲，特别是经济学界的女性。在我之前，只有奥斯特罗姆依靠实地考察进行研究，研究尼泊尔到印度尼西亚的贫穷社会。我认为这并不是巧合，女性对经济学的发展也能作出自己的贡献。"

●　　　·　　　●

10.1　一个新的诺贝尔奖

阿尔弗雷德·诺贝尔（Alfred Nobel），是土生土长的瑞典人，他通过投资和实业积累了不少财富。但是，有一项发明给他带来的财富和指责远超其他任何一项发明，这项发明就是硅藻土炸药。诺贝尔家族一直有发明的传统。诺贝尔的父亲也是一位发明家和工程师，他用建筑工程爆破岩石的技术，为俄国沙皇设计水雷。诺贝尔继续父亲的事业，最终研究出稳定的硝酸甘油炸药。这种炸药为他带来了巨额财富，但是代价却非常高昂。他的一家工厂曾经发生爆炸，他的弟弟和另外四人死于爆炸。

当诺贝尔35岁的时候，瑞典皇家科学院向他和他的父亲颁发了莱特斯泰特奖。向诺贝尔颁发这个奖项，是为了表彰他发明的炸药给人类带来的"实际价值。"你可以从这里发现，这次获奖为他设立诺贝尔奖提供了灵感。

诺贝尔一直未婚，也没有后代。颇具争议性的是，他用自己的财富创建了一个基金会，以此奖励那些在各个学科中"为人类做出巨大贡献"的成就。他在遗嘱中明确表示，这些奖项将授予成就最高的候选人，候选人国籍不限。诺贝尔奖继承了创始人世界主义的价值观。在他的遗嘱中，诺贝尔根据自己的兴趣，设立了5个方面的奖项：物理、化学、医学、文学和"和平奖"。

但是，经济学却不在其中。

瑞典中央银行希望用盛大的方式庆祝自己成立300周年。所以，中央银行在1968年向诺贝尔基金会提供了捐款，希望基金会能够成立一个经济学奖项。为了让这个奖项与其他5个专业奖项做出区别，这个奖项曾经名为瑞典中央银行纪念阿尔弗尔雷·诺贝尔经济学奖。诺贝尔家族中至少有一人，对将经济学加入诺贝尔奖表示了不满。该人批评经济学是为了盈利，而不是为了人民。其他人因为自己的政治倾向而对此做出了批评。和化学或者物理不同，经济学家的观点经常与左翼观点不谋而合。

在该奖项成立多年之后，诺贝尔基金会将评选条件扩大到与经济学相关的领域。通过扩展评选条件，政治经济学家埃莉诺·奥斯特罗姆、心理学家丹尼尔·卡尼曼（Danie Kahneman）、数学家约翰·纳什（《美丽心灵》男主角原型）获得该奖项。虽然他们没有接受正规的经济学教育，他们的研究对经济学领域造成了深远的影响。

现代制度经济学应当研究人类，在制度规定的范围之内开展活动。现代制度经济学就是经济学该有的样子。（诺贝尔奖得主罗纳德·科斯，1984年。）

应当考虑将这个奖项颁给制度经济学，更具体地说，它就是给新制度经济学的奖项。（诺贝尔奖得主保罗·克鲁格曼，于2009年奥斯特罗姆和威廉森获奖时。）

经济学家研究个人、公司和政府是如何分配稀缺资源的。人们每天决定要花多少时间看电视或者决定公司办公室用纸要花多少钱。大多数经济学家从供需关系的角度看这个问题。人们愿意为再买一个电视节目套餐花多少钱？这是需求。公司直播更多的电视节目，需要花多少钱？这就是供给。电视观众和直播公司构成了市场。如果人们愿意支付高于成本的价格，那么公司就会直播更多的电视节目。

这是古典经济学家亚当·斯密（Adam Smith）的见解。政府不需要告诉公司制作更多的直播节目、玉米棒或卡车。通过这些交易，公司在"看不见的手"的引领下，通过生产客户愿意支付价格的产品来推动社会利益。这种以市场为基础的稀缺资源分配系统运转还算正常。但是，很多经济学家研究了这个系统并不能奏效的地方，包括污染和垄断的社会成本。

市场价是经济学家衡量相对稀有度的标尺。但是运转良好的市场是基于规则之上的。举例来说，产权决定了一个人是否有权出售这个物体并转移所有权。没有这些规定，也就不存在市场，自然界中并不存在这些现象，又或者说，市场是人类的产物。

市场不是唯一分配稀缺资源的方式。有些东西无法被分块，然后在市场上出售，其中包括可能归社群所有的公共资源。社群可能自行设定规则，决定应当由谁，在什么时候，以什么方式获取一种公共资源。虽然商家可能会在市场上销售自己的产品，但通常不会用市场在本行业内部调动资源。相反，他们用其他规定确定一个项目应当由几个人完成，或者一座工厂里有几台机器。

不论这些规定是否正式，都引起了制度经济学家的兴趣。这里的制度包括政府通过的法律，门店政策或者行为规范。在一位经济学家看来，制度就是"在一段时间内盛行的思维习惯。"人不是机器，不可能在任何场合下都能保持理智。如罗纳德·卡斯所说，人"在制度规定范围之内活动"。这些正式和非正式的规定因地制宜，正如龙虾帮自立规定，决定谁可以在港口内的什么区域安装龙虾陷阱。

如果经济是个棒球，大多数主流经济学家将关注得分、击球和失误。但是制度经济学家更关注比赛的规则。虽然大联盟比赛中规则都会保持一致，但是裁判的判决会出现不同吗？当地的习惯是否会影响比赛的结果，如果红狐队的球迷唱起了"亲爱的卡洛琳"，情况又会如何？

多年以来，经济学的制度传统注重历史和观察，而不是抽象思考和数学公式化。根据一位早期制度经济学家的话，一个人必须"通过观察"才能了解人们的经济生活。

哲学家康德曾经说过："没有实践的理论是空洞的；没有理论指导的实践是盲目的。"观察和收集关于这个世界的数据是非常重要的。但还需要一套理论来厘清所见的一切，将各个点连接起来。早期的制度经济学家缺少一套理论。经过了黑暗中的摸索和更为抽象的"新古典主义"流派之后，"老派"制度经济学在20世纪上半叶逐渐消失。

几十年后，出现了"新"制度经济学。和他们的先行者一样，新制度主义派批判了脱离历史和没有地位的新古典主义流派。科斯对一群和自己看法相似的经济学家说："他们的反对意见主要是，认为这种理论过于空洞。就好像在没有身体的情况下，研究血液循环……市场没有法律，就缺乏对可供购买和贩卖货物的具体规定。"

这就像是通过看积分表和击球率来了解棒球。从技术的角度来说，统计数据能告诉你很多事情，但是它不会解释这种运动的魅力，以及人们为什么喜欢观看比赛。棒球的历史中不乏传统和个性。你需要通过统计数据和传统、理论和实践，才能全面了解这种运动。

新制度经济学派和他们的先辈不同，并不直接排斥新古典主义理论。他们利用这些理论来探索制度——规定和行为预期如何影响公司、客户和其他参与方在经济活动中的表现。制度经济学家将现实世界的复杂性加入了新古典主义理论的数学公式中，以便更好地了解我们周围的世界。正是因为这样的传统，埃莉诺·奥斯特罗姆和奥利弗·威廉森才能因对公共资源和公司的经济管理的研究的贡献，而获得了2009年诺贝尔经济学奖，这个奖是纪念阿尔弗雷德·诺贝尔的。

但是，奥斯特罗姆获奖并不仅仅是因为公共资源管理，她的理论贡献也不容忽视。她为"旧"制度经济学家关于"观察"的训诫加上了坚实的理论基础。举例来说，在20世纪70年代研究警察部门的时候，她采用实地调研的办法。在周六的深夜，奥斯特罗姆坐在巡逻车上，游荡于一座美国大城市的中心地带，她所目睹的人与人之间的互动，与平时郊区学校下课之后的情景完全不同。在这两个场景中，都可以看到在当地政府的干预下生产的一种公共商品，即地区安全。她用自己和同事观察到的一切，创建了一个新的理论，然后用更多的观测数据进行测试，并做出所需的修改。这就是一门好的科学应有的运行模式。（图10-2）

图10-2　1993年，奥斯特罗姆在尼泊尔研究社区灌溉系统

图片来源：公共资源图像数码图书馆

●　　　　●　　　　●

2009年12月，奥斯特罗姆前往斯德哥尔摩领取诺贝尔奖，并发表获奖演说。文森特身体状况不断恶化，无法与她同行。奥斯特罗姆没有兄弟姐妹，也没有孩子，但是，与她同行的有研究工坊和印第安纳大学的同事。他们就像是一个大家庭，陪同奥斯特罗姆参加了一个又一个活动。像帕蒂·勒佐特（Patty Lezotte）这样的同事，已经和奥斯特罗姆一起工作了35年，而

妮可·托德（Nicole Todd）是她的私人助理。

"当时有一场新闻发布会，每天晚上都要在博物馆或者大宅里举行优雅活动。"伯尼·费舍尔（Burney Fischer）当时也在随行人员名单中，团队成员轮流护送奥斯特罗姆参加各种活动。他们建立了详细的日程表，让所有人明确自己的职责。

为了纪念诺贝尔经济学奖，瑞典的两大银行每年都会组织一场盛大的晚宴。银行行长和斯德哥尔摩各个大学经济学系的来客，在可以俯视整座城市的豪华房间里齐聚一堂。伯尼·费舍尔陪同奥斯特罗姆参加了当晚的宴会，在社交活动时间，所有经济学家都来向奥斯特罗姆问好。

"我们当时就在迎宾队列里，最后来见我们的人是两大银行的行长。"费舍尔回忆道，"当时奥斯特罗姆说，'要怎么才能被邀请参加这个会议？'银行行长答道，'你得拥有斯德哥尔摩四所大学中任意一所的经济学博士学位。'奥斯特罗姆说，'那我可不够格，我可没有经济学博士学位！'"

"当时大家都笑了起来。那时候可真是太有意思了。"

虽然奥斯特罗姆赢得了很多奖项，她依然为人谦逊。也许这是因为她是生于大萧条的一代。她今天可以和打着黑领带的经济学家讨论，明天就能去考察用手挖出来的灌溉渠。费舍尔说："她明白如何得体地参加当天下午的活动，但同时也能保持谦虚和拥有自知之明。我觉得她做了大量的工作，所以知道如何应对各种场合。"

埃德拉·施拉格当时也陪同奥斯特罗姆前往斯德哥尔摩。施拉格是研究工坊的研究生，与奥斯特罗姆建立了终身友谊。她当时没有参加经济学家的晚宴，但是非常了解奥斯特罗姆的幽默感。一年之后，施拉格在工坊的圆桌讨论会上回忆道："我认为她的诀窍在于快乐，她给周围的一切都带来快乐，而且我认为这非常吸引人。"奥斯特罗姆和同事们努力工作，但也不乏欢声笑语。

奥斯特罗姆成为第一位获得诺贝尔经济学奖的女性。自那之后，她就成了许多学术领域的女权标志。

但是，埃德拉·施拉格却有不同的看法。她在一次工坊活动中表示："我从没有将奥斯特罗姆看作女权人士。我认为对男女同学而言，她是一位重要的导师和支持者。"

在之后的谈话中，施拉格继续拓展了这一话题。"她从来就不是什么煽动者，也不会刻意倡导什么运动。"在施拉格看来，奥斯特罗姆对"民事领域和解决问题"更感兴趣。

奥斯特罗姆从没有想过自己会成为外界关注的焦点。她将关注点集中在那些制定了可持续的公共资源管理规则的社群成员上，将研究生推荐给潜在的雇主。但在获得诺贝尔奖这件事上，她才是被关注的焦点。

研究工坊的学者迈克尔·麦金尼斯说，作为第一个赢得诺贝尔经济学奖的女性，"这确实超越了她对自己的预期。"
（图10-3）麦金尼斯说："她开始公开讨论自己作为女性，在刚刚进入学术领域时遇到的问题和自己不能获得经济学博士的原因。"在那个时候，洛杉矶大学不提倡包括奥斯特罗姆在内

图10-3　2009年，瑞典，斯德哥尔摩，埃莉诺·奥斯特罗姆
接受诺贝尔奖

图片来源：布卢明顿，印第安纳大学，莉莱图书馆

的女性学习高等数学课程。经济学院以缺乏足够的数学课程为由回绝了她博士生的申请。在受到来自上级主管的压力之后，政治经济学院勉强接收了包括奥斯特罗姆在内的一小批女学生。在刚到印第安纳大学的日子里，奥斯特罗姆被分配去教授周六上午的课程，因为她的男同事都不想负责这些课。

诺贝尔奖不仅给了她一个机会，也许还是一种义务，要求她将这些事情说出来。通常来说，奥斯特罗姆会将聚光灯打在别人身上，她将性别歧视和性别偏见当作一个需要解决的谜题。

麦金尼斯和其他人分享了一个趣闻："我记得她在获奖之后，和印第安纳大学校长麦克罗比（McRobbie）一起召开了一个新闻发布会。他当时坐在一边，听着奥斯特罗姆讲在周六早上上过的课程。然后他说，'我当时还没坐上这个位置呢！别怪我啊！'但她发言的时候非常轻松愉快。"

麦金尼斯回忆道："她借此机会吸引了大家的注意力。她会说，'我为什么是第一个赢得这个奖项的女性？这是个亟待解决的问题。'"

●　　●　　●

伯尼·费舍尔还记得，当奥斯特罗姆获得诺贝尔奖的那个早上，研究工坊里是多么地混乱。电话响个不停，新闻记者都想采访她。当天早上晚些时候，奥斯特罗姆忽然宣布："好了，必须要告一段落了，我下午一点钟还要上课呢！"

多年以来，奥斯特罗姆每个周一都会为研究生主持2个小时的研讨会。她的同事向奥斯特罗姆保证，他们会想办法填补这段空白。全校上下和工坊有关的教授都乐意伸出援手。但是，奥斯特罗姆的态度却非常坚决。"这是我的课！现在学期刚刚开始，我们还有事情要做！"费舍尔现在还记得她当时说的话。

奥斯特罗姆最后妥协了。但是，这个故事体现出她是多么执着于自己的工作。虽然奥斯特罗姆获奖无数，但是这和获奖毫无关系。从1973年开始，奥斯特罗姆和文森特开始打造一个独一无二的学术社区，他们设想了一个基于共同价值、合作和深度思考的社区。一个艺术家工坊的理念在这个计划中扮演了重要的角色。

研究工坊的客人可以看到一些文森特和奥斯特罗姆制作的木质工艺品。夫妻二人师从当地一位小屋制作师，学习木工技巧。他们跟随这位经验丰富的艺术家学习如何从一块满是木瘤和树节的原木——有些人可能认为这是种缺陷——身上发掘出蕴含在其中的美。他们花费时间培养艺术家的眼光，学习如何从每一块木头中发现美和表现出这种美的技巧。这种工艺品不可能以固定标准大规模生产，木工匠人必须学习各种技巧，选择合适的技巧完成作品。

四十年来，奥斯特罗姆和文森特也是用同样的方法运作政治理论和政策分析研究工坊。在这个领域中，他们是经验丰富的艺术家，他们的学生就是学徒。艾德拉·施拉格（Edella Schlager）和阿比盖尔·约克（Abigail York）都是奥斯特罗姆手下的研究生，之间相隔了足足20年。施拉格和约克分别是亚利桑那大学和亚利桑那州立大学的教授。他们都认为奥斯特罗姆夫妇非常重视这种指导方式。约克对我说："奥斯特罗姆和文森特名声在外，但是他们都很尊重他人。作为一名研究生，你不仅被当作一名研究生获得尊重，而且还被当作一名同辈人获得尊重。你不过是个正在接受训练的同辈，这就像是一位学徒。"

施拉格也记得类似的经历："奥斯特罗姆并不花大把时间手把手地教你。她希望你为自己的工作负责。但是，她依然支持着你，和你一起工作，帮助你。所以，我也是用同样的方式对待自己的学生，因为如果他们无法成功完成从学生到独立学者的转换，独立发表文章，那么这对他们毫无益处可言。"

奥斯特罗姆对研究工坊的所有人都秉承着合作和尊重的态度。约克说，大家不仅因自己的本职工作受到尊重，还因作为一个人而受到尊重。约克说："当大家都坐在一起的时候，她经常会询问非学术人员的意见和想法。我们都掌握了重要的知识，而且研究工坊里并不讲究过于严格的等级制度。"奥斯特罗姆认为工坊上下必须形成一个团队。

当奥斯特罗姆获得诺贝尔奖之后，她将奖金全部捐给了工坊。她说，我们所做的研究之所以能够获奖，是因为所有成员的共同努力。

芭芭拉·切里并没有和奥斯特罗姆夫妇一起学习。但是，在离开私营企业转投学术界之后，她加入了研究工坊。在一次关于导师和奥斯特罗姆研究工坊未来计划的圆桌研讨会上，奥斯特罗姆夫妇对于合作式教学研究的追求让切里印象深刻。她说："正如你们所说，讨论的部分结果是继续保持开放、合作和友好待人的态度。这是在维持批判性思考，保持坚韧的同时，坚持原则、尊重并关心他人，这是一种很好的研究，体现出了合作性。你不会参与低价值的工作，也不会打击别人。我曾经在私营企业、政府和学术界工作，我不知道还有什么团体可以秉承同样的文化。对我来说，这种文化作为奥斯特罗姆夫妇给我的遗产的一部分，就要传承下去。"

●　　　●　　　●

在2009年获得诺贝尔奖之后，奥斯特罗姆在个人巡游演讲上花费了很多时间。文森特的健康状况每况愈下，她明白自己无法继续领导研究工坊，坚持这些承诺。迈克尔·麦金尼斯同意在2012年临时接任研究工坊的主管一职。

2011年秋天，奥斯特罗姆确诊了胰腺癌。费舍尔对我说："所有人都知道这非常严重。她不得不调整自己的生活方式。"医生为奥斯特罗姆提供了化疗，但是她尽可能继续去进行演讲。费舍尔回忆道："老实讲，她在冬天的情况还算不错。也许老得更快了一点。但是大家都觉得没大问题。她还是老样子。"

虽然她已经不再负责研究工坊，但是她还是挂念着它。费舍尔说："她明白自己需要先处理好一些事情。"他当时还不知道具体细节。后来，他才知道奥斯特罗姆和文森特的房子将被捐给研究工坊。文森特的两个孩子多年前都已经去世。

在安排好工坊的财政问题之后，奥斯特罗姆开始研究由谁来接任主管一职。麦金尼斯将在2012年夏天卸任。在2011年晚些时候，奥斯特罗姆邀请费舍尔来自己办公室。她请求费舍尔接任麦金尼斯的工作。但是，他拒绝了。

"你知道，我是做林业研究的。我可做不了这种工作。我拒绝了她。我觉得她当时并不开心。但是她表示这也没关系。"

几个月后，奥斯特罗姆还是没找到接班人。没人能够像奥斯特罗姆一样，可以一个人负责所有的工作。所以，她决定设立两名主管。奥斯特罗姆再次邀请费舍尔来自己的办公室。

她对费舍尔说："我和一些人聊了聊。我确实需要你担任研究工坊的联合主管。"奥斯特罗姆之前已经和地理学教授汤姆·埃文斯聊过了，后者同意担任这个岗位。费舍尔负责日常工作，埃文斯负责研究工作。他接受了这份工作。"她知道时日无多，而她想解决这个问题。"

奥斯特罗姆于2012年6月12日去世，享年78岁。文森特在17天后去世。

虽然奥斯特罗姆夫妇离我们而去，但是他们对于研究工坊的愿景还在继续。2014年，李·阿尔斯通成为研究工坊的主管。他负责研究工坊对于数字空间的研究计划，其中包括对网络安全和互联网治理的研究。在2020年，阿尔斯通将主管一职交给斯科特·沙克尔福德。

虽然管理层和员工随着时间的推移不断变化，研究工坊依然秉承着合作型学术研究的承诺。制度分析、发展框架、社会生态系统，以及包括多中心性在内的各种由奥斯特罗姆夫妇开发出的工作方法和概念，依然是研究公共资源的重要工具。这些工具将会一直沿用下去，因为它们足够具体，可以引导分析员的工作，但同时又足够宽泛，可以适用于各种场景。更重要的是，这些原则是以社群成员为中心，而不是分析人员。

奥斯特罗姆可能会因为驳斥了"公共资源的悲剧"而被铭记，但是她留给我们的遗产却不限于此。她提醒，我们并没有陷于耗尽资源的悲剧，我们有自我管理的能力。詹姆斯·维哈卡和内罗毕的出租车司机们，缅因州的龙虾捕捞工，瓦伦西亚的灌溉社区以及创建五月溪农场的年轻理想主义者都做到了这一点。但是，自我管理可并不简单，它需要人们投入时间、努力和知识以设立并执行一套可以长期存在的规定。公共资源的困局不可能只靠一种解药就能解决，多亏了奥斯特罗姆，我们可以依靠她的设计原则找到正确的方向。

在诺贝尔获奖演讲中，奥斯特罗姆强调了"人类拥有复杂的动机和强大的能力来解决社会困局。"奥斯特罗姆的研究表明，解决问题的方案将不会像哈丁和其他人所说的那样，只限于"市场"和"国家"。在这二者之间，还存在巨大的空间，当地社群可以创造为自己服务的解决方案。奥斯特罗姆说："公共政策的一个核心目标应当是保证那些可以给人类带来好处的制度可以继续发展。"（图10-4）

图10-4　印第安纳大学在政治科学院伍德本恩大厅后面安装了一块
纪念碑

图片来源：杰森·雷布兰多

参考资料

第一章

1. The prize's official name is the Sveriges Riksbank Prize in Economic Sciences in Memory of Alfred Nobel. Economics was not one of the original fields endowed by Alfred Nobel in 1895; it was added in 1968.

2. Garrett Hardin, interview with Otis Graham, March 9, 1997, Federation for American Immigration Reform Oral History Project, https://www. garretthardinsociety.org/gh/gh_graham_interview.html.

3. Garrett Hardin, "The Tragedy of the Commons," *Science* 162, no. 3859 (December 13, 1968): 1243–48, https://doi.org/10.1126/science.162.3859.1243.

4. William Foster Lloyd, "W. F. Lloyd on the Checks to Population," *Population and Development Review* 6, no. 3 (1980): 473–496, https://doi.org/10.2307/1972412.

5. City of Boston, "Boston Common," Boston.gov, 2019, https://www.boston.gov/parks/boston-common.

6. Alfred North Whitehead, *Science and the Modern World* (Cambridge: Cambridge University Press, 2011).

7. Garrett Hardin, interview, June 8, 1983, tape 7, Garrett Hardin Oral History Project, https://www.garretthardinsociety.org/gh/gh_oral_history_tape7.html.

8. Garrett Hardin, "Political Requirements for Preserving Our Common Heritage," in *Wildlife and America*, ed. H. P. Bokaw (Washington, DC: Council on Environmental Quality, 1978), 314.

9. Henry Louis Mencken, *Prejudices: Second Series* (New York: A. A. Knopf,1920).

10. Elinor Ostrom, "Beyond Markets and States: Polycentric Governance of Complex Adaptive Systems," *American Economic Review* 100, no. 3 (June 2010): 641–672, https://www.aeaweb.org/articles?id=10.1257/aer.100.3.641.

11. Elinor Ostrom, interview with Adam Smith, NobelPrize.org, December 6,

2009, https://www.nobelprize.org/prizes/economic-sciences/2009/ostrom/interview/.

12. "An Interview with Elinor Ostrom," interview by Margaret Levi, Annual Reviews Conversations, 2010, https://www.annualreviews.org/userimages/ContentEditor/1326999553977/ElinorOstromTranscript.pdf.

13. Jay Walljasper, "The Story of Vincent and Elinor Ostrom," *Commons Magazine*, January 10, 2014, http://www.onthecommons.org/magazine/story-vincent-and-elinor-ostrom#sthash.wRoJvpOK.dpbs.

14. *Actual World, Possible Future*, aired May 25, 2020, PBS, https://www.pbs.org/video/actual-world-possible-future-09rkab/.

15. Marco A. Janssen et al., "'Tragedy of the Commons' as Conventional Wisdom in Sustainability Education," *Environmental Education Research* 25, no. 11 (November 2, 2019): 1587–1604, https://doi.org/10.1080/1350462 2.2019.1632266.

15. "Rethinking Institutional Analysis: Interviews with Vincent and Elinor Ostrom," interview with Paul Aligica, 2003, http://www.mercatus.org/uploadedFiles/Mercatus/Publications/Rethinking%20Institutional%20Analysis%20-%20Interviews%20with%20Vincent%20and%20Elinor%20Ostrom.pdf.

17. Fran Korten, "The Science of Cooperation," *Utne*, September–October 2010, https://www.utne.com/politics/science-cooperation-commons-elinor-ostrom.

18. Michael McGinnis and Elinor Ostrom, "Institutional Analysis and Global Climate Change: Design Principles for Robust International Regimes" in *Global Climate Change: Social and Economic Research Issues*, ed. Marian Rice, Joel Snow, and Harold Jacobson (Proceedings of Conference Held at Argonne National Laboratory, 1992), 45–85, http://www.iaea.org/inis/collection/NCLCollectionStore/_Public/24/010/24010418.pdf?r=1.

19. Ostrom, interview with Adam Smith.

第二章

1. Vincent Ostrom, *Water and Politics: A Study of Water Policies and*

Administration in the Development of Los Angeles (Los Angeles, CA: Haynes Foundation,1953), available from HathiTrust, https://hdl.handle.net/2027/uc1. b3127052?urlappend=%3Bseq=35.

2. Marc Reisner, *Cadillac Desert: The American West and Its Disappearing Water* (New York: Penguin, 1993), 50.

3. "Trolley," *Manhattan Beach Historical Society* (blog), http://manhattan beachhistorical.org/trolley/.

4. T. A. Johnson and R. Whitaker, "Saltwater Intrusion in the Coastal Aquifers of Los Angeles County, California," in *Coastal Aquifer Management-Monitoring, Modeling, and Case Studies*, ed. Alexander H. D. Cheng and Driss Ouazar (Boca Raton, FL: CRC Press, 2003).

5. Elinor Ostrom, "Public Entrepreneurship: A Case Study in Ground Water Basin Management" (PhD diss., University of California–Los Angeles,1965), 191.

6. West Basin Municipal Water District, "History," 2020, https://www.west basin.org/about-us-what-we-do/history.

7. Ostrom, "Public Entrepreneurship."

8. Elinor Ostrom, interview with Adam Smith, NobelPrize.org, December 6, 2009, https://www.nobelprize.org/prizes/economic-sciences/2009/ostrom/interview/.

9. Christopher Solomon, "The Massive Land Deal That Could Change the West Forever," Outside Online, February 22, 2016, https://www.outside online.com/2056806/devils-grand-bargain-rob-bishop-western-lands.

10. Sara Catherine Clark, "Elinor Ostrom: A Biography of Interdisciplinary Life" (PhD diss., Indiana University–Bloomington, 2019).

11. David Sloan Wilson, "The Woman Who Saved Economics from Disaster," *Evonomics* (blog), January 31, 2016, https://evonomics.com/the-woman-who-saved-economics-from-disaster/.

12. William Blomquist, "Getting out of the Trap: Changing an Endangered Commons into a Managed Commons" (PhD diss., Indiana University–Bloomington, 1987), xi, http://dlc.dlib.indiana.edu/dlc/handle/10535/3580.

13. Frank van Laerhoven and Elinor Ostrom, "Traditions and Trends in the Study of the Commons," *International Journal of the Commons* 1, no. 1 (October 17, 2007): 3–28, https://doi.org/10.18352/ijc.76.

14. Warren Buffett, "Chairman's Letter," 2001, https://www.berkshirehatha way.com/2001ar/2001letter.html.

15. Marcia Hale and Stephanie Pincetl, "Peering through Frames at Conflict and Change: Transition in the Los Angeles Urban Water System," *Journal of Transdisciplinary Peace Praxis* 1, no. 1 (2019).

16. "Drought in California," Drought.gov, accessed January 29, 2020, https://www.drought.gov/drought/states/california.

17. Hale and Pincetl.

18. "Tom Selleck, Water District Reach Tentative Settlement in Dispute," *Los Angeles Times*, July 9, 2015, https://www.latimes.com/local/lanow/la-me -ln-selleck-water-complaint-20150709-story.html.

19. Water Replenishment District of Southern California, "West Coast Basin Watermaster Reports: Watermaster Service in the West Coast Basin–Los Angeles County," May 2, 2017, https://www.wrd.org/content/west-coast-basin-watermaster-reports.

第三章

1. Bill Trotter, "Reward Offered for Information in Hancock County Lobster 'Trap War,'" *Bangor Daily News*, October 31, 2016, https://bangor dailynews.com/2016/10/31/news/hancock/state-offers-reward-for-info-in-hancock-county-lobster-trap-war/.

2. Stephen Rappaport, "Trawl Limit Plan Divides Lobstermen," Mount Desert Islander, May 29, 2018, https://www.mdislander.com/maine-news/trawl-limit-plan-divides-lobstermen.

3. Elinor Ostrom, Roger B. Parks, and Gordon P. Whitaker, "Do We Really Want to Consolidate Urban Police Forces? A Reappraisal of Some Old Assertions," *Public Administration Review* 33, no. 5 (1973): 423–432, https://doi.org/10.2307/974306.

4. Elinor Ostrom, *Governing the Commons* (Cambridge: Cambridge University Press, 1990), xi–xii.

5. Jay Walljasper, "The Story of Vincent and Elinor Ostrom," *Commons Magazine*, January 10, 2014, http://www.onthecommons.org/magazine/story-

vincent-and-elinor-ostrom#sthash.wRoJvpOK.dpbs.

6. Vincent Ostrom and Elinor Ostrom, "Public Goods and Public Choices," in *Alternatives for Delivering Public Services: Toward Improved Performance*, ed. E. S. Savas (Boulder, CO: Westview Press, 1977), 7–49.

7. Elinor Ostrom, interview with Adam Smith, December 6, 2009, https://www.nobelprize.org/prizes/economic-sciences/2009/ostrom/interview/.

8. Panel on Common Property Resource Management, *Proceedings of the Conference on Common Property Resource Management* (Washington, DC: National Academy Press, 1986).

9. Bonnie J. McCay and James M. Acheson, *The Question of the Commons: The Culture and Ecology of Communal Resources* (Tucson: University of Arizona Press, 1990).

10. James M. Acheson, *The Lobster Gangs of Maine* (Lebanon, NH: University Press of New England, 1988).

11 Acheson, not the lobster harvesters, coined the term "lobster gang" or "harbor gang" to refer to a group of harvesters working a particular patch of ocean. The lobster harvesters do not really have a collective name for themselves.

12 James M. Acheson, *Capturing the Commons: Devising Institutions to Manage the Maine Lobster Industry* (Lebanon, NH: University Press of New England, 2014), http://ebookcentral.proquest.com/lib/gvsu/detail.action?docID=1882420.

13 Department of Marine Resources, "Maine Marine Patrol," https://www.maine.gov/dmr/marine-patrol/.

14 Acheson, *Capturing the Commons*.

15 Sara Catherine Clark, "Elinor Ostrom: A Biography of Interdisciplinary Life" (PhD diss., Indiana University–Bloomington, 2019).

16. Nobel Media AB, "The Sveriges Riksbank Prize in Economic Sciences in Memory of Alfred Nobel 1994," NobelPrize.org, https://www.nobelprize.org/prizes/economic-sciences/1994/summary/.

17. Steven Kuhn, "Prisoner's Dilemma," in *The Stanford Encyclopedia of Philosophy*, ed. Edward N. Zalta (Stanford, CA: Metaphysics Research Lab, 2017), https://plato.stanford.edu/archives/spr2017/entries/prisoner-dilemma/.

参考资料

18. Ostrom, *Governing the Commons*.

19. Garrett Hardin, "The Tragedy of the Commons," *Science* 162, no. 3859 (December 13, 1968): 1243–1248, https://doi.org/10.1126/science.162.3859.1243.

20. Elinor Ostrom, "Building Trust to Solve Commons Dilemmas: Taking Small Steps to Test an Evolving Theory of Collective Action," in *Games, Groups, and the Global Good*, ed. Simon A. Levin, Springer Series in Game Theory (Berlin: Springer, 2009), 207–228, https://doi.org/10.1007/978-3-540-85436-4_13.

21. James M. Acheson and Roy J. Gardner, "Strategies, Conflict, and the Emergence of Territoriality: The Case of the Maine Lobster Industry," *American Anthropologist* 106, no. 2 (June 1, 2004): 296–307, https://doi.org/10.1525/aa.2004.106.2.296.

22. The State of Maine has its own lobster conservation laws, including the double gauge and V-notch rules. However, other states with lobster industries have only a minimum size rule. The Magnuson–Stevens Fishery Conservation and Management Act (1976) established eight regional fishery councils, including one for New England. In the late 1970s, the New England Fishery Management Council wanted the states to harmonize their lobster laws. The council suggested that Maine drop the double gauge and V-notch rules to be consistent with the other states. Maine's lobster industry recoiled at the suggestion. Maine is still the only state in the region that uses those rules in lobster management.

23. William C. Mitchell, "Virginia, Rochester, and Bloomington: Twenty-Five Years of Public Choice and Political Science," *Public Choice* 56, no. 2 (1988): 101–119.

24. Elinor Ostrom, "Issues of Definition and Theory: Some Conclusions and Hypotheses," in *Proceedings of the Conference on Common Property Resource Management* (Washington, DC: National Academy Press, 1986).

第四章

1. Also known as the *Plaza de la Virgen* in Castilian Spanish. This chapter will

primarily use terms in the Valèncian language (Valencià) where appropriate. Some of the seminal works on the topic by American scholars, such as Thomas Glick and Arthur Maass, were written in the 1970s and use Castilian Spanish terms (as did Ostrom). Franco, who ruled Spain from 1939 to 1975, tried to unite the country under a single Spanish language (Castilian). He discouraged the use of local languages like Valencià. Many Valèncians, especially farmers, still use the local language, and Valencià is now taught in schools.

2. UN Educational, Scientific, and Cultural Organization.

3. UN Education, Science, and Culture Organization, "Tribunales de Regantes del Mediterráneo Español: El Consejo de Hombres Buenos de la Huerta de Murcia y el Tribunal de las Aguas de la Huerta de Valencia," https://ich. unesco.org/es/listas.

4. Thomas F. Glick, *Irrigation and Society in Medieval Valencia* (Cambridge, MA: Harvard University Press, 1970), http://www.thomasfglick.com/books. html.

5. Dorothy Berry et al., "Ojibwe Public Art, Ostrom Private Lives," digital exhibits, Mathers Museum of World Cultures, 2014, https://viewpoints .iu. edu/art-at-iu/2014/04/14/ojibwe-art-collected-by-ostroms-on-display-now-at-mathers-museum/index.html.

6. Elinor Ostrom, *Governing the Commons* (Cambridge: Cambridge University Press, 1990).

7. Elinor Ostrom, "Formulating the Elements of Institutional Analysis," in *Studies in Institutional Analysis and Development* (Conference on Institutional Analysis and Development, Washington, DC, 1985), 24, https://dlc.dlib. indiana.edu/dlc/handle/10535/2145.

8. William Blomquist, James Wunsch, Edella Schlager, Shui-Yan Tang, and Sharon Huckfeldt.

9. Many of the Valencià or Castilian Spanish words used in the irrigation system come from Arabic, reflecting the Al Andalus influence on technology and society. These include *séquia*/*acequia*, *assut*/*azud*, *tanda* (irrigation turn), *alfarda* (fee paid for using irrigation water), *marjal* (marsh), and *albufera* (lagoon).

参考资料

10. Javier Loidi, "Introduction to the Iberian Peninsula, General Features: Geography, Geology, Name, Brief History, Land Use and Conservation," in *The Vegetation of the Iberian Peninsula: Volume 1*, ed. Javier Loidi, Plant and Vegetation 12 (Cham, Switzerland: Springer International, 2017), 3–27, https://doi.org/10.1007/978-3-319-54784-8_1.

11. As the first (most upstream) canal to obtain Túria water, the king claimed Moncada as the Royal Canal. But several years later, in 1268, the king turned the Moncada canal's ownership over to its irrigators. However, Moncada still operates mostly independently from the seven other canals.

12. Arthur Maass and Raymond Lloyd Anderson, . . . *And the Desert Shall Rejoice: Conflict, Growth, and Justice in Arid Environments* (Cambridge, MA: MIT Press, 1978).

13. Julia Hudson-Richards and Cynthia Gonzales, "Water as a Collective Responsibility: The Tribunal de las Aguas and the Valencian Community," *Bulletin for Spanish and Portuguese Historical Studies* 38, no. 1 (December 31, 2013), https://doi.org/10.26431/0739-182X.1088.

14. "An Interview with Elinor Ostrom," interview by Margaret Levi, Annual Reviews Conversations, 2010, https://www.annualreviews.org/userimages / ContentEditor/1326999553977/ElinorOstromTranscript.pdf.

15. "An Interview with Elinor Ostrom."

第五章

1. Diana Budds, "This Small Indiana Town Is a Hotbed of Utopianism," Curbed, August 5, 2019, https://www.curbed.com/2019/8/5/20748964/new-harmony-indiana-history-utopia.

2. Margaret A. McKean, "The Japanese Experience with Scarcity: Management of Traditional Common Lands," *Environmental History Review* 6, no. 2 (October 1, 1982): 63–88, https://doi.org/10.2307/3984155.

3. Daniel W. Bromley, "The Common Property Challenge," in *Proceedings of the Conference on Common Property Resource Management* (Washington, DC: National Academy Press, 1986), 2.

4. Margaret McKean, "Management of Traditional Common Lands (Iriaichi)

in Japan," in *Proceedings of the Conference on Common Property Resource Management* (Washington, DC: National Academy Press, 1986),571.

5. Elinor Ostrom, "Issues of Definition and Theory: Some Conclusions and Hypotheses," in *Proceedings of the Conference on Common Property Resource Management* (Washington, DC: National Academy Press, 1986).

6. "Rethinking Institutional Analysis: Interviews with Vincent and Elinor Ostrom," interview with Paul Aligica, Mercatus Center, George Mason University, 2003, 8, http://www.mercatus.org/uploadedFiles/Mercatus/Publications/Rethinking%20Institutional%20Analysis%20-%20Interviews%20with%20Vincent%20and%20Elinor%20Ostrom.pdf.

7. *Elinor Ostrom, Tribute Presented at Rio+20*, Center for International Forestry Research, August 7, 2012, https://www.youtube.com/watch?v=Kk-ytfiwAAs&index=1157&list=UUTy7VCNF12CBicFGCkxDajA.

8. Clark C. Gibson et al., *People and Forests: Communities, Institutions, and Governance* (Cambridge, MA: MIT Press, 2000).

9. Elinor Ostrom and Mary Beth Wertime, "International Forestry Resources and Institutions Research Program—Research Strategy" (Workshop in Political Theory and Policy Analysis, Indiana University–Bloomington, 1995), http://hdl.handle.net/10535/4011.

10. International Forestry Resources and Institutions, "Exploring How People Shape the World's Forests," 2017, http://ifri.forgov.org/.

11. McKean, "The Japanese Experience with Scarcity."

12. Amy R. Poteete and Elinor Ostrom, "Fifteen Years of Empirical Research on Collective Action in Natural Resource Management: Struggling to Build Large-N Databases Based on Qualitative Research," *World Development* 36, no. 1 (January 1, 2008): 176–195, https://doi.org/10.1016/j.worlddev.2007.02.012.

13. E. Wollenberg et al., "Fourteen Years of Monitoring Community-Managed Forests: Learning from IFRI's Experience," *International Forestry Review* 9, no. 2 (June 2007): 670–684, https://doi.org/info:doi/10.1505/ifor.9.2.670.

14. Carmen Blubaugh et al., "Continuum of Community and Forest Dynamics at May Creek Farm, 1996–2009" (Workshop in Political Theory and Policy Analysis, Indiana University–Bloomington, 2010).

参考资料

15. John Mikulenka "Intentional Communities Must 'Bend with the Times,'" *Limestone Post Magazine* (blog), July 3, 2018, http://www.limestonepost magazine.com/intentional-communities-must-bend-times/.

16. "No One Washes a Rental Car," Quote Investigator, https://quoteinvesti gator.com/2010/06/21/wash-rental/.

17. "Knowledge Forum with Prof Elinor Ostrom," International Centre for Integrated Mountain Development, Kathmandu, Nepal, 2010, https://www.youtube.com/watch?v=KQxA16vwi48.

18. Catherine Tucker, "Learning on Governance in Forest Ecosystems: Lessons from Recent Research," *International Journal of the Commons* 4, no. 2 (September 13, 2010): 687–706, https://doi.org/10.18352/ijc.224.

第六章

1. Leo Tolstoy, Marian Schwartz, and Gary Saul Morson, *Anna Karenina*, Margellos World Republic of Letters Book (New Haven, CT: Yale University Press, 2014).

2. Elinor Ostrom, *Governing the Commons* (Cambridge: Cambridge University Press, 1990).

3. A. Park Williams et al., "Observed Impacts of Anthropogenic Climate Change on Wildfire in California," *Earth's Future* 7, no. 8 (2019): 892–910, https://doi.org/10.1029/2019EF001210.

4. Matthias M. Boer, Víctor Resco de Dios, and Ross A. Bradstock, "Unprecedented Burn Area of Australian Mega Forest Fires," *Nature Climate Change* 10, no. 3 (March 2020): 171–172, https://doi.org/10.1038/s41558-020-0716-1.

5. Dirk Notz and Julienne Stroeve, "Observed Arctic Sea-Ice Loss Directly Follows Anthropogenic CO2 Emission," *Science* 354, no. 6313 (November 11, 2016): 747–750, https://doi.org/10.1126/science.aag2345.

6. Gerard H. Roe, Marcia B. Baker, and Florian Herla, "Centennial Glacier Retreat as Categorical Evidence of Regional Climate Change," *Nature Geoscience* 10, no. 2 (February 2017): 95–99, https://doi.org/10.1038/ngeo2863.

7. National Oceanic and Atmospheric Administration, "U.S. High-Tide Flooding Continues to Increase," 2020, https://www.noaa.gov/media-release/us-high-tide-flooding-continues-to-increase.

8. US Global Change Research Program, "Fourth National Climate Assessment," 2018, https://nca2018.globalchange.gov.

9. Intergovernmental Panel on Climate Change (IPCC) Working Group 1, "Policymakers Summary," *First Assessment Report Climate Change: The IPCC Scientific Assessment*, 1990, https://www.ipcc.ch/report/ar1/wg1/.

10. James Fallows, "The 50 Greatest Breakthroughs since the Wheel," *Atlantic*, October 23, 2013, https://www.theatlantic.com/magazine/archive/2013/11/innovations-list/309536/.

11. Atomic Heritage Foundation, "The Manhattan Project," https://www.atomicheritage.org/history/manhattan-project.

12. Michael Polanyi, "The Republic of Science: Its Political and Economic Theory," *Minerva* 1 (1962): 54–73.

13. Paul D. Aligica and Vlad Tarko, "Polycentricity: From Polanyi to Ostrom, and Beyond," *Governance* 25, no. 2 (2012): 237–262, https://doi.org/10.1111/j.1468-0491.2011.01550.x.

14. IPPC, "History of the IPCC," 2020, https://www.ipcc.ch/about/history/.

15. The governments only sign off on the Summary for Policy Makers. The governments do not have a formal say in the technical language of the full assessment report.

16. Michael McGinnis and Elinor Ostrom, "Institutional Analysis and Global Climate Change: Design Principles for Robust International Regimes" (Global Climate Change: Social and Economic Research Issues, Argonne National Laboratory, 1992), 45–85, http://www.iaea.org/inis/collection/NCLCollectionStore/_Public/24/010/24010418.pdf?r=1.

17. Ostrom, *Governing the Commons*.

18. Elinor Ostrom, "Polycentric Systems for Coping with Collective Action and Global Environmental Change," *Global Environmental Change* 20, no. 4 (October 1, 2010): 550–557, https://doi.org/10.1016/j.gloenvcha.2010.07.004.

19. Rosina M. Bierbaum, Marianne Fay, and Bruce Ross-Larson, eds.,

"World Development Report 2010: Development and Climate Change" (Washington, DC: World Bank Group, 2009), http://documents.worldbank.org/curated/en/201001468159913657/World-development-report-2010-development-and-climate-change.

20. Ostrom, "Polycentric Systems for Coping with Collective Action."

21. Climate Action Tracker, "Global Update: Governments Still Showing Little Sign of Acting on Climate Crisis," https://climateactiontracker.org/press/global-update-governments-showing-little-sign-of-acting-on-climate-crisis/.

22. "Net zero" means that some greenhouse gases will be emitted, but they will be offset by some other practice or technology.

23. Rhodium Group, "Preliminary US Emissions Estimates for 2019," *Rhodium Group* (blog), https://rhg.com/research/preliminary-us-emissions-2019/.

24. We Are Still In, " 'We Are Still In' Declaration," https://www.wearestillin.com/we-are-still-declaration.

25. Elinor Ostrom, "Green from the Grassroots," Project Syndicate, June 12, 2012, https://www.project-syndicate.org/commentary/green-from-the-grassroots.

26. UN Framework Convention on Climate Change (UNFCCC) Conference of Parties (COP) 25, "High Level Event on Climate Emergency," remarks by Teresa Ribera, December 11, 2019, https://unfccc-cop25.streamworld.de/webcast/high-level-event-on-climate-emergency.

27. Fran Korten, "Elinor Ostrom Wins Nobel for Common(s) Sense," *Yes! Magazine* (blog), February 27, 2010, https://www.yesmagazine.org/issue/america-remix/2010/02/27/elinor-ostrom-wins-nobel-for-common-s-sense.

28. Ewa Krukwoska, "Here's How the EU Could Tax Carbon Around the World," *Bloomberg.Com*, February 18, 2020, https://www.bloomberg.com/news/articles/2020-02-18/here-s-how-the-eu-could-tax-carbon-around-the-world-quicktake.

29. Joe Bryan, "Climate Change as a Threat Multiplier," *Atlantic Council* (blog), November 16, 2017, https://www.atlanticcouncil.org/blogs/new-atlanticist/climate-change-as-a-threat-multiplier/.

30. Dave Philipps, "Tyndall Air Force Base a 'Complete Loss' Amid

Questions About Stealth Fighters," *New York Times*, October 11, 2018, https://www.nytimes.com/2018/10/11/us/air-force-hurricane-michael-damage.html.

31. "Episode 9: Elinor Ostrom," Communicating Climate Change (podcast), February 13, 2009, http://blogs.oregonstate.edu/communicatingclimate change/2009/02/13/episode-9-elinor-ostrom/.

32. Chloé Farand, "US Seeking Further Block on Compensation for Climate Damage," Climate Home News, December 11, 2019, https://www.climate changenews.com/2019/12/11/us-seeking-block-compensation-climate-damage/.

33. Chloé Farand, "Irreconcilable Rift Cripples UN Climate Talks as Majority Stand against Polluters," Climate Home News, December 15, 2019, https://www.climatechangenews.com/2019/12/15/irreconcilable-rift-dominates-un-climate-talks-majority-stand-polluters/.

第七章

1. Joel Goldberg, "It Takes a Village to Determine the Origins of an African Proverb," NPR.org, https://www.npr.org/sections/goatsandso da/2016/07/30/487925796/it-takes-a-village-to-determine-the-origins-of-an-african-proverb.

2. Erik Nordman, "A Conceptual Model of Polycentric Resource Governance in the 2030 District Energy Program," in *The Cambridge Handbook of Commons Research Innovations*, ed. Sheila Foster and Chrystie Swiney (Cambridge: Cambridge University Press, 2020).

3. Thomas Hobbes, *Leviathan*, 1651 (Project Gutenberg, 2009), https://www.gutenberg.org/files/3207/3207-h/3207-h.htm.

4. Elinor Ostrom, "An Agenda for the Study of Institutions," *Public Choice* 48, no. 1 (1986): 3–25.

5. US Environmental Protection Agency, "EPA's 33/50 Program Seventh Progress Report," 1996, 50, https://nepis.epa.gov/Exe/ZyNET.exe/93000 NTA.TXT?ZyActionD=ZyDocument&Client=EPA&Index=1995+Thru+1999 &Docs=&Query=&Time=&EndTime=&SearchMethod=1&Toc Restrict=n&

Toc=&TocEntry=&QField=&QFieldYear=&QFieldMonth=&QFieldDay=&I
ntQFieldOp=0&ExtQFieldOp=0&XmlQuery=&File=D%3A%5Czyfiles%5CI
ndex%20Data%5C95thru99%5CTxt%5C00000033%5C93000NTA.txt&User
=ANONYMOUS&Password=anon ymous&SortMethod=h%7C-&Maximum
Documents=1&FuzzyDegree=0&ImageQuality=r75g8/r75g8/x150y150g16/
i425&Display=hpfr&Def SeekPage=x&SearchBack=ZyActionL&Back=ZyA
ctionS&BackDesc=Results%20page&MaximumPages=1&ZyEntry=1&Seek
Page=x&Zy PURL#.

6. Matthew Potoski and Aseem Prakash, "Covenants with Weak Swords: ISO 14001 and Facilities' Environmental Performance," *Journal of Policy Analysis and Management* 24, no. 4 (2005): 745–769, https://doi.org/10.1002/ pam.20136.

7. Elizabeth Chrun, Nives Dolšk, and Aseem Prakash, "Corporate Environmentalism: Motivations and Mechanisms," *Annual Review of Environment and Resources* 41, no. 1 (2016): 341–362, https://doi. org/10.1146/annu rev-environ-110615-090105.

8. Vincent Ostrom and Elinor Ostrom, "Public Goods and Public Choices," in *Alternatives for Delivering Public Services: Toward Improved Performance*, ed. E. S. Savas (Boulder, CO: Westview Press, 1977).

9. Matthew Potoski and Aseem Prakash, *Voluntary Programs: A Club Theory Perspective* (Cambridge, MA: MIT Press, 2009).

10. Energy use in the 2030 District is measured as building energy use intensity, kBtu/ft2 of building space. The unit kBtu is 1,000 British thermal units. It combines both electricity, heat, and other forms of energy into a single unit.

11. Robert H. Frank, *Under the Influence: Putting Peer Pressure to Work* (Princeton, NJ: Princeton University Press, 2020).

12. Bryan Bollinger and Kenneth Gillingham, "Peer Effects in the Diffusion of Solar Photovoltaic Panels," *Marketing Science* 31, no. 6 (September 20, 2012): 900–912, https://doi.org/10.1287/mksc.1120.0727.

13. "Big Think Interview with Elinor Ostrom," Big Think, November 11, 2009, https://bigthink.com/big-think-interview-with-elinor-ostrom.

第八章

1. Becky Iannotta, "U.S. Satellite Destroyed in Space Collision," SpaceNews.com, February 11, 2009, https://spacenews.com/u-s-satellite-destroyed-in-space-collision/.

2. Donald J. Kessler et al., "The Kessler Syndrome: Implications to Future Space Operations (AAS 10-016)," 33rd, Rocky Mountain Guidance and Control Conference, Breckenridge, CO, 2010, 47–62, *Advances in Astronomical Sciences* 137.

3. Kenneth Chang, "Space Station Has Near Miss with Debris," *New York Times*, June 28, 2011, https://www.nytimes.com/2011/06/29/science/space/29junk.html.

4. Donald J. Kessler and Burton G. Cour - Palais, "Collision Frequency of Artificial Satellites: The Creation of a Debris Belt," *Journal of Geophysical Research: Space Physics* 83, no. A6 (1978): 2637–2646, https://doi.org/10.1029/JA083iA06p02637.

5. Paul Ratner, "Kessler Syndrome: How Space Debris Can Destroy Modern Life," Big Think, August 29, 2018, https://bigthink.com/paul-ratner/how-the-kessler-syndrome-can-end-all-space-exploration-and-destroy-modern-life.

6. Kai Schultz, "NASA Says Debris from India's Antisatellite Test Puts Space Station at Risk," *New York Times*, April 2, 2019, https://www.nytimes.com/2019/04/02/world/asia/nasa-india-space-debris.html.

7. Roderick Peterson, *Kessler Syndrome: Space Junk*, 2012, https://www.youtube.com/watch?v=xgGm5odlIh4.

8. John Vogler, *The Global Commons: Environmental and Technological Governance* (New York: Wiley, 2000).

9. Michael McGinnis and Elinor Ostrom, *Design Principles for Local and Global Commons* (Linking Local and Global Commons, Harvard Center for International Affairs, 1992).

10. Elinor Ostrom et al., "Revisiting the Commons: Local Lessons, Global Challenges," *Science* 284, no. 5412 (1999): 278–282.

11. Scott Pace, "Space Development, Law, and Values," International Institute of Space Law Galloway Space Law Symposium, Washington, DC,

December 13, 2017.

12. UN Office for Outer Space Affairs, "Treaty on Principles Governing the Activities of States in the Exploration and Use of Outer Space, including the Moon and Other Celestial Bodies," [Outer Space Treaty], https://www.unoosa.org/oosa/en/ourwork/spacelaw/treaties/introouterspacetreaty.html.

13. "Where No Man Has Gone Before," Wikipedia, https://en.wikipedia.org/w/index.php?title=Where_no_man_has_gone_before&oldid=969101354.

14. Frederick Jackson Turner, *The Significance of the Frontier in American History* (London: Penguin, 2008).

15. "Where No Man Has Gone Before."

16. LiveScience Staff, "How Nerds Named NASA's Space Shuttle Enterprise," Space.com, https://www.space.com/15454-space-shuttle-enterprise.html.

17. UN Office for Outer Space Affairs, "Agreement Governing the Activities of States on the Moon and Other Celestial Bodies," [Moon Agreement], 1984, http://www.unoosa.org/oosa/en/ourwork/spacelaw/treaties/intro moon-agreement.html.

18. Brian C. Weeden and Tiffany Chow, "Taking a Common-Pool Resources Approach to Space Sustainability: A Framework and Potential Policies," *Space Policy* 28, no. 3 (August 1, 2012): 166–172, https://doi.org/10.1016/j.spacepol.2012.06.004.

19. UN Office for Outer Space Affairs, "Outer Space Treaty."

20. Dorothy Berry et al., "Ojibwe Public Art, Ostrom Private Lives," digital exhibits, Mathers Museum of World Cultures, 2014, https://viewpoints.iu.edu/art-at-iu/2014/04/14/ojibwe-art-collected-by-ostroms-on-display-now-at-mathers-museum/index.html.

21. Dave Mosher, "Amazon Just Won a Huge FCC Approval to Launch 3,236 Kuiper Internet Satellites—a $10 Billion Project That'd Compete with SpaceX's Emerging Starlink Network," *Business Insider*, July 31, 2020, https://www.businessinsider.in/tech/news/amazon-just-won-a-huge-fcc-approval-to-launch-3236-kuiper-internet-satellites-a-10-billion-project-thatd-compete-with-spacexs-emerging-starlink-network/articleshow/77275358.cms.

22. William Shakespeare, *Julius Caesar* (Yonkers-on-Hudson, NY: World Book Company, 1913).

第九章

1. Shanessa Jackson, "NASA Mission Supports Launch of CubeSats Built by Students," NASA, December 1, 2018, http://www.nasa.gov/feature/nasa-mission-supports-launch-of-cubesats-built-by-middle-and-high-school-students.

2. Some software programs, like Facebook, are free of cost but are not "free and open source." Many programs that are free of cost sell advertising or collect and sell the user's information. Those programs do not share the principles that guide the free and open source software movement.

3. Olivia Solon, "You Are Facebook's Product, Not Customer," *Wired UK*, September 21, 2011, https://www.wired.co.uk/article/doug-rushkoff-hello-etsy.

4. Charlotte Hess and Elinor Ostrom, "Ideas, Artifacts, and Facilities: Information as a Common-Pool Resource," *Law and Contemporary Problems* 66, no. 1/2 (2003): 111–145.

5. GNU stands for "GNU not Unix" —a recursive acronym (and the *g* is pronounced).

6. GNU Operating System, "What Is Copyleft?," 2018, https://www.gnu.org/copyleft/; Richard Stallman, "Why Open Source Misses the Point of Free Software," 2020, https://www.gnu.org/philosophy/open-source-misses-the-point.html.

7. Kathleen Juell, "History of Linux," DigitalOcean, 2017, https://www.digitalocean.com/community/tutorials/brief-history-of-linux.

8. Divine Okoi, "What Is the Difference Between Android and Linux?," FOSSMint, June 22, 2020, https://www.fossmint.com/difference-between-android-and-linux/.

9. Charles Schweik and Robert English, "Tragedy of the FOSS Commons? Investigating the Institutional Designs of Free/Libre and Open Source Software Projects," *First Monday* 12, no. 2 (April 2007), https://www.researchgate.net/publication/41023533_Tragedy_of_the_FOSS_Commons_

Investigating_the_Institutional_Designs_of_FreeLibre_and_Open_Source_Software_Projects.

10. Yochai Benkler, "Coase's Penguin, or, Linux and 'The Nature of the Firm,' " *Yale Law Journal* 112, no. 3 (2002): 369–446, https://doi.org/10.2307/1562247.

11. Kate Groetzinger, "Researchers Are Asking for the Public's Help Counting All of the Penguins in These Photos," Quartz, https://qz.com/660191/researchers-are-asking-for-the-publics-help-counting-all-of-the-penguins-in-these-photos/.

12. Charles M. Schweik, "Toward the Comparison of Open Source Commons Institutions," in *Governing Knowledge Commons*, ed. Brett Frischmann,Michael Madison, and Katherine Strandburg (Oxford: Oxford University Press, 2014), https://www-oxfordscholarship-com.proxyiub.uits.iu.edu/view/10.1093/acprof:oso/9780199972036.001.0001/acprof-9780199972036-chapter-8; Benkler.

13. Elinor Ostrom, "Crossing the Great Divide: Coproduction, Synergy, and Development," *World Development* 24, no. 6 (June 1, 1996): 1073–1087,https://doi.org/10.1016/0305-750X(96)00023-X.

14. US Department of Commerce, National Oceanic and Atmospheric Administration (NOAA), National Weather Service (NWS) "NWS SKYWARN Storm Spotter Program," https://www.weather.gov/skywarn/.

15. Elinor Ostrom, Roger B. Parks, and Gordon P. Whitaker, "Do We Really Want to Consolidate Urban Police Forces? A Reappraisal of Some Old Assertions," *Public Administration Review* 33, no. 5 (1973): 423–432, https://doi.org/10.2307/974306.

16. Elinor Ostrom, "Beyond Markets and States: Polycentric Governance of Complex Economic Systems," *American Economic Review* 100, no. 3 (June 2010): 641–672.

17. Diana Wright and Donella H. Meadows, *Thinking in Systems: A Primer* (London: Taylor & Francis Group, 2009).

18. Thomas Rid, *Rise of the Machines: A Cybernetic History* (New York: W. W. Norton, 2016).

19. Norbert Wiener, *Cybernetics, or Control and Communication in the Animal and the Machine* (Cambridge, MA: MIT Press, 2019).

自主治理
于公共资源管理的见解
埃莉诺·奥斯特罗姆关

20. Wiener.

21. Debora Hammond, *The Science of Synthesis: Exploring the Social Implications of General Systems Theory* (Boulder: University Press of Colorado, 2010), 104.

22. Manfred E. Clynes and Nathan S. Kline, "Cyborgs and Space," *Astronautics*, 1960.

23. William Gibson, *Neuromancer* (New York: Penguin, 2000).

24. Marco A. Janssen and Elinor Ostrom, "Governing Social-Ecological Systems," in *Handbook of Computational Economics*, ed. L. Tesfatsion and K. L. Judd, vol. 2 (Cambridge, MA: Elsevier, 2006), 1465–1509, https://doi.org/10.1016/S1574-0021(05)02030-7.

25. Federal Bureau of Investigation, Internet Crime Complaint Center, "2019 Internet Crime Report," 2020, https://www.ic3.gov/default.aspx.

26. Roger Hurwitz and Gary Schaub Jr., "Tragedy of the Cyber Commons?," in *Understanding Cybersecurity: Emerging Governance and Strategy* (Lanham, MD: Rowman & Littlefield, 2018).

27. Scott J. Shackelford, *Managing Cyber Attacks in International Law, Business, and Relations: In Search of Cyber Peace* (Cambridge: Cambridge University Press, 2014), 62, https://doi.org/10.1017/CBO9781139021838.

28. Shackelford, 65.

第十章

1. "An Interview with Elinor Ostrom," interview by Margaret Levi, Annual Reviews Conversations, 2010, https://www.annualreviews.org/userimages/ContentEditor/1326999553977/ElinorOstromTranscript.pdf.

2. Nobel Media AB, "The Sveriges Riksbank Prize in Economic Sciences in Memory of Alfred Nobel 2009," NobelPrize.org, https://www.nobelprize.org/prizes/economic-sciences/2009/summary/.

3. R. M. Schneiderman, "Reactions to the Nobel in Economic Science," *Economix Blog* (blog), October 12, 2009, https://economix.blogs.nytimes.com/2009/10/12/reactions-to-the-nobel-prize-in-economics/.

4. Schneiderman.

5. "Douglass North Welcomes Two Economic Pioneers to the Nobel P," interview by Douglass C. North, October 21, 2009, https://www.youtube.com/watch?v=pJLxJS_1oxc.

6. Sara Catherine Clark, "Elinor Ostrom: A Biography of Interdisciplinary Life" (PhD diss., Indiana University–Bloomington, 2019).

7. Nobel Media AB, "Esther Duflo Banquet Speech," NobelPrize.org, https://www.nobelprize.org/prizes/economic-sciences/2019/duflo/speech/.

8. Ronald H. Coase, "The New Institutional Economics," *Zeitschrift Für Die Gesamte Staatswissenschaft / Journal of Institutional and Theoretical Economics* 140, no. 1 (1984): 229–231.

9. Adam Smith (Economiste), *The Theory of Moral Sentiments*, 1812.

10. Terence W. Hutchison, "Institutionalist Economics Old and New," *Zeitschrift Für Die Gesamte Staatswissenschaft / Journal of Institutional and Theoretical Economics* 140, no. 1 (1984): 20–29.

11. Richard Theodore Ely, *Political Economy, Political Science and Sociology: A Practical and Scientific Presentation of Social and Economic Subjects Prepared for the University Association.* (Chicago: University Association, 1899), 739.

12. Elinor Ostrom, interview with Adam Smith, NobelPrize.org, 2009, https://www.nobelprize.org/prizes/economic-sciences/2009/ostrom/interview/.

13. Floriane Clement et al., "Feminist Political Ecologies of the Commons and Commoning (Editorial to the Special Feature)," *International Journal of the Commons* 13, no. 1 (May 6, 2019): 1–15, https://doi.org/10.18352/ijc.972.

14. Lauren MacLean et al., "Roundtable on Elinor Ostrom as a Mentor to Women Scholars," https://www.youtube.com/watch?v=j_4RJy7bJXg.

15. Vlad Tarko, *Elinor Ostrom: An Intellectual Biography* (Lanham, MD: Rowman & Littlefield, 2016).

16. Ostrom, interview with Adam Smith.

致 谢

我之所以能够完成这本书，完全归功于我的妻子詹妮弗·海德利·诺德曼和我的孩子莉安娜与加勒特提供的爱与支持。他们从一开始就为这本书提供支持，试读早期拙劣的草稿，帮助我渡过一道道难关。谢谢你们。

我感谢我的家乡大峡谷州立大学，校方允许我休假完成这本书。该大学学术和创意中心为我提供了关键的资金，使我得以前往缅因州和西班牙进行必要的学术研究。我还要感谢印第安纳大学的奥斯特罗姆研讨会邀请我做访问学者，并且提供学术和资金方面的支持。

我要感谢杰森·雷布兰多和克里斯汀·芬尼斯，前者为这本书提供照片，后者协助我在缅因州进行采访。在此还要感谢大峡谷州立大学自然资源管理项目、生物学系和经济系的各位同事，感谢他们多年来的支持和友谊。我还要感谢所有为这本书做出贡献的学生，是他们的好奇心促成了这本书。

我很感谢奥斯特罗姆工坊的所有人，感谢你们让我加入你们的学术团体。再次特别感谢伯尼·费舍尔的指导，工坊主管李·阿尔斯通和斯科特·沙克尔福德的邀请和支持，副馆长兼图书管理员艾米丽·卡索为我搜索各种文献和图片，还有工坊成员盖尔·希金斯、艾莉森·斯特金和大卫·普莱斯协调我的访问。

感谢所有受访人花时间接受我的采访，没有他们就没有这本书。

在此感谢费尔南多·罗萨在瓦伦西亚市提供的翻译工作和拍摄的照片，以及汤姆·斯坦顿就2030街区计划的建议。感谢我的父母鲍勃和谢拉·诺德曼对我的爱和支持。感谢所有为我审阅草稿、提供宝贵建议的人，在此特别感谢海伦·罗森伯格、帕特里克·海德利、詹姆斯·凯滕霍芬、吉姆·弗里尔。所有错误都属于我个人所为。

最后，还要感谢岛屿出版社的艾琳·约翰逊和她的同事，谢谢他们对我的信任，并告诉我关于埃莉诺·奥斯特罗姆的故事。